岡部光明
Okabe Mitsuaki

大学院生へのメッセージ

——未来創造への挑戦——

慶應義塾大学出版会

序文

大学はこの世の中で最も美しいところである、と著者は考えています。確かに大学のキャンパスは一般に広大で緑の豊かな場所にありますが、単にそのことを意味するのではありません。そこでは、長い人生において最も成長でき成熟すべき時期にある若者と、人類の知識のフロンティアの拡張に挑む研究者が共同して多様な課題を追求し、ともに自らを磨くという高貴な任務を帯びた共同体になっているからです。そこはまた、知識、知的スキル、知恵、そして各種価値観を次世代に引き継ぐという役割を何の利害関係もなく行える場所であり、さらにその働きが基本的に人と人との深いつながりを基礎として行われるコミュニティという性格を持つからでもあります。これに類する機能を持った組織は他にありません。

本書は、大学の役割をこのように捉えるとともに、それを果たす根源的な力は、大学教員の研究へのたゆまない努力から生まれるものである、という著者の確信を自らの教育や研究における具体的な取り組みの記録をもとに主張しようとするものです。大学におけるこうした研究活動は一般に大学院と一体になっているので、本書はとりわけ大学院生に対して（それと同時に大学教員に対しても）向けたメッセージを多く含んでいると思います。

本書の構成と概要

本書には、著者が一人の大学教員として、あるいは大学院の運営責任者（研究科長）としてその任務を遂行する色々な場面において、この一年半の間に執筆した各種の原稿を採録してあります。すなわち講演記録、学術論文、挨拶文、セミナー発表記録、雑誌論文、書評、随想、冊子序文、インターネット誌への寄稿記事、チャペルでの奨励の言葉等です。このため、一見雑多な印象を与えると思いますが、むしろ発表時の臨場感を維持するほうがふさわしいと考え、あえて文体の統一はしませんでした。

第一部「大学院そして研究のあり方」では、修士課程および博士課程の学生が大学院に入学した際、著者が大学院の責任者として述べた研究の意義や心構えに関する挨拶文を採録したほか、セミナーにおいて大学院生に要請した博士論文の要件などを記載しました。

論点は多岐にわたりますが（一）大学院は専門知識と技量を身につけたプロフェッショナルの養成（修士課程）あるいは人類の知識のフロンティアを開拓する力量の修得（博士課程）を目的とする点で学部課程と質的に全く異なること、（二）大学院生はそのために全生活をこれに打ち込む決意が求められること、などを述べました。

第二部「先端研究論文」では、著者が最近公刊した二つの論文の全文を採録しました。一つは「経済政策の目標と運営についての再検討」です。そこでは、従来の視点（社会は市場および政府という二つの要素で構成されていると理解する二分法）を批判的に検討するとともに、政策の有効性を高めるには今後多様な第三の主体ないし第三の概念（共有資源、コミュニティ、ガバナンスなど）の導入とその研究が不可欠であることを主張しています。もう一つは「為替相場の変動と貿易収支」を主題とする論文です。そこでは、国際経済学において従来からよく知られている一つの命題（マーシャル＝ラーナー条件）の隠れた問題点を指摘するとともに、それを一つの特殊ケースとして含む一般化された新しい命題を厳密な理論展開によって導出しています。

論文を学術誌に投稿して採録されるには、匿名の複数の専門家による査読という審査プロセスがありますが、第一論文については幸いにも「野心的で挑戦的な論文の序説」「時宜にかなった課題」といった評価をいただき、審査をパスして掲載されました。また第二論文は「極めて明快に書かれており、その論旨は正しく、また現実の現象の説明にも有効である」「既存研究の仮定を緩めて異なる結果を導出し、実証的考察を加えるという、経済学の論文として模範的なスタイルを踏襲している」との評価をいただきました。そして、この論文を日本経済学会（二〇一一年五月）で発表した際に指定討論者の役割を引き受けてくださった若杉隆平氏（京都大学教授）は「この論文の貢献は、既存命題を一般性のある命題に拡張したこと（本書一三五ページの表一）、そしてプラザ合意以降の貿易収支均衡の動態的変化に一つの解釈を与えたこと、にある」と評価してくださいました。

これら二つの論文を本書に収録したのは（一）既存研究の批判的検討ならびに新しい視点の提示は論文の一つの標準型であること、（二）研究はある種の美しさの追求という面を持つこと（真理は美しさという要素を持つ）、（三）命題はその前提を緩めて一般化することによってより深い理解が可能になること、などを示すことを意図したからです。なお、本書の校正刷りを点検しはじめた矢先に東日本大震災が発生しました。日本の近代史における第三の国難ともいうべきこの事態に対応するには、まさに本書第一論文で提示したアプローチが妥当する（それ以外の方法では十分に対応できない）ことを著者は確信するに至りました。

第三部「大学教育（一）――最も大切なこと――」では、様々な場面で執筆した五つの文章を掲載しました。そこでは、大学における教育は学部課程であれ大学院課程であれ、日本語力、インテグリティ、向上心という三つの要素を学生が自分のものとしてしっかり身につけることこそ最も重要である、という著者の主張を述べています。とくに国際的に通用する力量としては、逆説的ですが（英語力よりもむしろ）日本語力の向上が大切である、という著者の持論とその理由を述べました。

第四部「大学教育（二）――制度的工夫――」では、著者が奉職する明治学院大学国際学部において、学生の育成および成長にとってどのような制度改革ないし授業改革をすべきかにつき、著者が折々に述べた意見を収録しました。幸いにも、これらに対して同僚諸氏による多くの賛同と協力ならびに学部長のリーダーシップがあり、そして大学本部の理解を得た結果、本年度（二〇一一年度）から国際学部に国際キャリア学科（授業はすべて英語で行う点が大きな特徴）が創設されました。なお、大学院（国際学研究科）の改革は別途検討を進めてきており、近々実施する予定です。

第五部「慶應義塾大学ＳＦＣとの関わり」では、著者が退任した後も大学院生の指導などで引き続き関わりを持っている慶應義塾大学湘南藤沢キャンパス（ＳＦＣ）に焦点を合わせ、そこを中心としてみた場合の著者の活動を示す文章を二つ収めました。ここでは、かつて著者が担当したゼミナールの学生がその後いかに成長しているかを述べたほか、学生に限らず同僚教員と時間を超えた関係を持つことの喜びやその研究面での意義を述懐しました。また研究活動をより楽しくそして効果的なものにするうえで、著者の経験から得られた秘密（ブラウン・バッグ・ランチ・セミナーの催し方）も明かしました。

第六部「学生へのメッセージ」は、学部生、大学院生に限らず、生きていくうえで著者が大切だと考える一つの深い知恵を開陳したほか、かつてのゼミナール学生の結婚に際して贈った祝辞を二つ採録しました。これらの文章をここに含めたのは、人間として日々生き生きと生活するためのヒントを提示する意図があり、また長期にわたる信頼関係の大切さを示唆するためです。

最後の第七部「友人からいただいたメッセージ」は、一年半前に刊行した拙著『大学生へのメッセージ――遠く望んで道を拓こう――』（日本図書館協会選定図書）に対し、二五年来の研究仲間である橋木俊詔氏（同志社大学教授、京都大学名誉教授）がお書きくださった書評を執筆者の了解を得て収録しました。

本書の主張

以上をまとめるならば、本書を通じて著者は次のことを主張しています。第一に、従来から述べてきたことですが（岡部 二〇〇〇a、二〇〇二、二〇〇六、二〇〇九）、どの時代においても、また制度がどう変化しても、大学は教育面での任務こそがその究極的な役割であるという認識です。研究面では各種の研究所が大学と同様の機能を果たすことができますが、次世代の高等教育面で大学に代替する組織はない、というのが著者の理解です。

第二に、大学において学生が身につけるべきことは、単に高級な知識の修得ではなく、直接的にはものごとを整理して考える力、批判的に思考する力、新しい見方を提示する力であり、そしてより広く根本的には（第三部一章で述べたとおり）日本語力、インテグリティ、向上心を自分のものとして身につけることだという主張です。これらの力量こそ、時代に左右されない普遍性を持つとともに、文化を超えた国際性を持つ基礎的な力だと著者は考えています。

第三に、学生がこうした力を身につけるうえで最も重要なことは、大学教員自身がものごとの新しい解釈ないし新知見の獲得を目指す研究活動に打ち込んでいることであり、学生はその姿を見て、あるいはそこにおける共同作業を通して初めて実りある大学教育が成立するという理解です。学生は教員の背中を見て育つだけでなく、そうした場合の学生の成長は教員の予想を超えるものがあります。他方、とくに大学院においては、逆に学生が教員の成長を支える面があるというのが著者の実感であり、また確信であることも幾つかの例によって提示しています。

第四に、大学教員を研究活動に駆り立てるのは、決して義務感ではなく、本来的な強い知的好奇心、探求心、達成感などがあるほか、美しさの追求という面もあるという主張です。美とは、最も純粋なもの、あるいは最も本質的な要素が直感されることを通して見いだされるものです。このような主張は寡聞にしてあまり知りませんが、それは本質的なことの追究を任務とする研究にとって強い推進力の一つになる、と著者は考えています。また美的センスを磨くことは、最も深い意味において大学教育の重要な任務である、ということも従来から主張しているところです（岡部 二〇〇〇b）。

第五に、以上のような大学教育を真に実り多いものにするには、学生と教員、学生同士、そして教員同士の間で信頼関係が築かれている必要があり、またその関係は永続性を持つことが重要である、という認識です。大学生と教員の密接な関係は、たいてい三年次と四年時における演習（ゼミナール）における二年間にわたる学びの場で築かれるのが通常のパターンです。しかし、やや古めかしい考え方かもしれませんが、その関係が卒業後も大切にされ、それが利害関係から全く自由な精神的コミュニティとして継続することにも大きな意味があると著者は考えています。

最後第六に、以上のように重い任務を負う大学教員は、自ら直接関係する授業や研究活動に全力で取り組むことが当然要請されるだけでなく、学生の育成および成長のための制度や環境の整備においても同様の責任を持つことです。後者の任務は一般に「雑用」と称され、それからできるだけ遠ざかろうとする教員も現実には少なくありません。また近年は、大学教育の質的管理の要請が強まっていることもあってそうした雑用が増えていることも事実です。しかし、学生の将来に資する環境や制度を整えることは、教員本来の教育研究任務に劣らない重要な責務の一端だと思います。それに要する時間やエネルギーはたいへんなものがありますが、かといってそれを理由に教育や研究面での任務こそ本務としてこれらをないがしろにするとすれば、それはまた無責任のそしりを免れません。現代の大学教員にはその両面のバランスを取る能力も要請されているのではないでしょうか。

以上が著者の考え方ですが、本書でその行動の手本を示そうという不遜なことを意図しているわけではありません。あくまで、一人の教員が職務の達成に努めている様子を記述することを通して、上記のことがらを主張しようとするものです。このため本書は、著者がその任務遂行に向けて日々工夫し、努力しようとしているありさまを記述した著者の職務実践報告といってよいかもしれません。

なお、前書『大学生へのメッセージ』では重点が学部教育のあり方に置かれていたのに対して、本書はどちらかといえば研究面、ないし大学院における教育および研究に重点を置いています。本書を『大学院生へのメッセージ』と題しているのは、このためです。こうした重点の変化は、直接的には著者が勤務先の明治学院大学の大学院国際学研究科長に選任され、二〇一〇年四月以降、とりわけ研究あるいは大学院のあり方を日夜考え続けなければならなくなったことによるものです。

また本書の副題を「未来創造への挑戦」としたのは、学部と大学院の（あるいは学部生と大学院生の）本質的な差異を表現しようとしたものです。すなわち、学部教育は現実を「見る力」を養うものであるのに対して、大学院教育は現実を「変える力、創造する力」を養成するものである、と特徴づけることができます。そして「現実を変える力」はその根底に「現実を深く理解する力」があって初めて効果を持つものです。したがって大学院では、深い理解力と問題解決のための専門的技量を学生に習得させることがその目標になり、そうした高度な技量を持って未来を切り開く人材を養成することを任務とすることになります。「未来、それは予測すべきものではなく、創造すべきものである」(フランスの作家サン＝テグジュペリ)という場合の担い手を育成すること、それは大学院と大学院生の両方にとって大きな挑戦にほかならないのです。

このように本書は、前書と相互に補完関係にあり、前書の姉妹編として大学生や大学院生だけでなく広く大学に関係される皆さまにもお読みいただけると期待しています。

謝辞

本書は、前書を刊行してから約一年半の間における著者の思索、あるいは教育研究活動ないし組織運営面での任務遂行を記録したものですが、それをこのようなかたちでとりまとめることができたのは、多くの方々からご示唆や励ましをいただいたおかげです。学部ゼミナール生および大学院生の諸君から受けた私見に対するフィードバックも、思考の糧となる場合が少なくありませんでした。

まず明治学院大学においては、新学科設立準備委員会のメンバーである阿部望(ヨーロッパ経済論、国際学部長)、合場敬子(ジェンダー研究)、齋藤百合子(国際移住移動論)、田中桂子（比較教育学）、アレキサンダー・ビーシー（仏教文化史）、吉井淳（国際経済法、明治学院大学副学長）、マイケル・ワトソン（比較文学）、孫占坤（国際法）の各氏とこの二年間続けてきた議論を通じて、国際化時代における大学教育や制度のあり方について多くの示唆を得ることができました。また、大学院の新しいあり方に関しては、大学院国際学研究科検討委員会のメンバーである秋月望（東北アジア地域研究、国際学研究科主任教授）、網谷龍介（比較政治学、現津田塾大学教授）、竹尾茂樹（比較文化論）、戸谷浩（中欧東欧研究）、マイケル・ワトソン（前述）の各教授とこの一年間集中的に行った議論から多くを学ぶことができました。常々厳しい議論を持ちかけてくださった原武史教授（日本政治思想史、国際学部付属研究所長）から刺激を受けた点も少なくありません。そして司馬純詩（明治学院宗教部長、国際学部教授）、小西宗子（明治学院宗教部）、山本由香子（明治学院オルガニスト）の各氏は、著者が大学のチャペルで奨励の言葉を述べるというありがたい機会を再び与えてくださいました（第六部一章）。

また、前任校の慶應義塾大学ＳＦＣにおけるかつての同僚諸氏から継続的にいただいている様々な関わりや支援に対しても深く感謝いたします。とくに、長年共同して大学院生の指導をする機会を持つことができた香川敏幸教授（現名誉教授）、著者の移籍後もＳＦ

Ｃ大学院で共同授業を担当する機会を与えてくださっている渡邊頼純教授、ＳＦＣを訪問して総合政策学について講義をする機会を再度与えてくださった國領二郎教授（総合政策学部長）ならびに廣瀬陽子准教授は、いずれも著者の研究活動に大きな推進力を与えてくださいました。また榊原清則教授（湘南藤沢学会会長）はＳＦＣ研究フォーラムにおいて著者が講演する機会（第五部一章）を与えてくださっただけでなく、著者の論文に対して厳しいながらも暖かいコメントを常々寄せてくださいました。さらに、著者の考え方にいつも大きな共感を示してくださる秋山美紀（総合政策学部准教授）、北川正代（大学院博士課程）両氏からいただく言葉は、著者にとって大きな励みになっています。

著者が日本経済学会で論文（第二部二章）を発表した際に指定討論者として有益かつ適切なコメントをしてくださった若杉隆平教授（前述）には改めてお礼申し上げます。また、拙著に対する暖かい書評を書いてくださった橋木俊詔教授（前述）に対しては、長年のご厚誼に感謝いたします。

大学関係以外では、高橋佳子氏（ＴＬ人間学）がそのご著書やセミナー、あるいは個人的な対話を通して著者に対して計り知れないご示唆を賜りました。ご教示くださった人間の本来的な生き方、ぶれない価値観などは、著者の従来の生き方や仕事に対する取り組み方を大きく転換させるものとなりました。本書の中にもし読者に共感していただける部分があるとすれば、その多くは同氏から示唆されたものと言っても過言でありません。

本書の出版に際しては、慶應義塾大学出版会の田谷良一社長からいつもながら暖かいご配慮をいただきました。また奥田詠二氏に手がけていただく三冊目のこの書物も、同氏の優れた技量と熱意のおかげで体裁が良く読みやすい作品になりました。

どんな書物であっても、心に響く明確なメッセージが幾つかそこに含まれていなければ刊行する意味は乏しい——これはわが妻、美智子が示した書物刊行の条件です。本書が果たしてそれを満たしているかどうかは読者の判断にゆだねる以外にありませんが、もし幾分でもそうした要素が含まれているとするならば、そのアドバイスのおかげです。

二〇一一年五月

岡部　光明

大学院生へのメッセージ◆目次

第三部　大学教育（一）——最も大切なこと——　159

第四部　大学教育（二）――制度的工夫――　195

第五部　慶應義塾大学SFCとの関わり　215

今、見るべきことを見落としていないか。
今、聞くべきことを拒んでいないか。
今、為すべきことを忘れていないか。
わたくしは自らに問います。
わたくしに事実を知らしめてください。

（高橋佳子『新 祈りのみち』二五九ページ）

第一部　大学院そして研究のあり方

一　大学院と研究活動について——大学院生への期待——

皆さん、明治学院大学の大学院国際学研究科へのご入学おめでとうございます。この研究科に所属する教員全員を代表して皆さんを心より歓迎いたします。キャンパスのあちこちでは桜の花が満開になっており、これらの木々も含めこの横浜キャンパス全体が皆さんを歓迎しています。

大学院に入学されたことに伴い、皆さんが直ちに理解し、そして対応しなければならないことがらがたくさんあります。すなわち、国際学研究科における授業履修の仕方、修士論文ないし博士論文の要件の熟知、そしてより現実的なこととしては共同研究室の使い方、国際学部付属研究所と大学院の関連の理解、大学院生による論文集の刊行、ティーチング・アシスタント（学部授業補助要員）の募集と応募方法、などです。これらのことがらは本日の午後、半日をかけて秋月望大学院研究科主任教授と私が詳しく説明しますから、まずはご安心ください。

それに先立ち、ここでは皆さんに是非知っておいていただきたい三つのこと、すなわち大学院教育を受ける意味、国際学専攻という意味、研究の意味とその取り組み方、この三点について申し上げておきたい。

一　大学院教育を受ける意味

まず、大学院生は大学五年生あるいは七年生でない、ということを申し上げたい。大学に入学するたいていの人は、四年間学部課程で勉強して卒業し、その後直ちに世の中に出て何らかの職業に就き、そして報酬を得るという道を選んでいます。しかし皆さんは、報酬を得るどころか学部時代と同じように授業料を払ってさらに進んだ教育を受けようとしておられるのです。皆さんのうち、今年三月に学部を卒業した方は学年次の上からいうと大学生活五年目に該当します。そして博士課程に入る方は大学生七年目あるいはそれ以上の学年に該当するかたちになります。

確かに、年限のうえではこのように学部以来連続しており、また国際学部も大学院国際学研究科も同じキャンパスで同じ校舎に配置されています。しかし、大学院は学部を機械的に延長した組織ではありません。学部の単純延長ではなく本質的に異なる組織と機能を持つものです。当然のことながら、この点をまずしっかり認識してほしい。ここで教育を受けるという意味も、学部の場合とは全く異なるのです。

学部教育においては、一つあるいは幾つかの学問領域の基礎知識を理解するとともに、知的スキルの基礎を身につけることが基本とされています。このことは、最近「学士力」あるいは「社会人基礎力」などと表現され（岡部 二〇〇九b、一八四-一八五ページ）、活発に議論されています。ただ達観すれば、与えられたものを確実に理解して消化するのが学部教育である、といえましょう。

これに対して大学院の場合、修士課程では二つのことが要請されていると思います。一つは、広い視野と深い学識、つまり人間社会を特定の視点から深く切り込んで理解する力量を身につけることです。もう一つは、専門性を要する職業人（プロフェッショナル）に求められる高度の能力を身につけることです。これら二つには多少重なる面がありますが、両者とも能動的に学ぶ姿勢を維持することによって初めて身につくことがらである点が共通しています。換言すれば、一般的知識ではなく専門的知識、そして概念的理解にとどまらず実践的な問題発見（新しい視点に基づく課題定義）と問題解決の能力、という表現によって特徴づけることができましょう。つまり学部教育が「現実を知る力」の養成にあるとすれば、修士課程教育は「現実を変える力」の養成、ないし専攻分野における研究能力の養成にあるといえます。

一方、博士課程の最大の特徴は、人類が持つ知識のフロンティアに学生がまず到達し、次いでそれを前に押し広げる（押し進める）能力を磨き、そして最終的にはその能力を保証しようとする点にあります。このため、特定分野において高度に専門的な知識を修得することはむろんですが、より重要なのは研究者として自立して研究活動を推進する高度の能力、つまり先端性や独創性を持った学術的な探求を自分で行っていく能力を磨き、高め、そして完成する点にあります。

それが確かになされていることを示すものが博士論文にほかなりません。そもそも博士号とは、知的フロンティアを拡張する作業に現に従事した者に対して、それをなし得る能力があることを証す十分な証拠（博士論文）がある場合に与えられる称号といえます。したがって、いくら既存研究を幅広くサーベイしてそれらをうまく取りまとめたとしても、そのことによって博士学位の取得ができるわけでは決してありません。

このように考えると、修士号、博士号とも究極的には人類の文化と福祉の増進に貢献することを目的とした学術上の称号であり、その取得を目指した活動は「高貴な挑戦」ということができましょう。皆さんは幸いにしてその面で恵まれた機会あるいは特権を与えられた方々であるということができます。皆さんご自身は学位取得に向けて研究活動を行い、それぞれが学位取得を目指す必要があるわけですが、視点を変えれば皆さんは大学院生にふさわしい勉学と研究活動を行う社会的責務を負っているわけです。勉学と研究活動こそ皆さんの仕事なのです。このことを念頭に置いて早速今日から、精一杯力を尽くして学生生活を送ってほしいと思います。

二　国際学専攻の意義

さて、皆さんは国際学研究科で「国際学専攻」グループに所属されるわけですから、次に国際学専攻ということの意義を考えてみたい。

このキャンパスこそ国際学の始原（ルーツ）

その場合、まず国際学（international studies）とは何か、が問題となります。私の考え方はすでに論文（岡部 二〇〇九ａ）にしてあり、また修士一年生にとっては今学期の必須科目である「国際学基礎演習Ａ１」（岡部担当）においてもそれを議論する予定ですから、ここでは単純に「国際的な諸問題を多くの学問分野の成果を踏まえて理解しようと試みる一つの学問分野」と考えておくことにします。

するると、とりあえず三つのことを指摘することができます。第一に、国際学はその基本視点において現在最先端の学問的取り組みの一つである、といえることです。なぜなら、最近およそ二〇年間の世界を見た場合、それを特徴づけるのはいわゆるグローバル化（つまりモノ、カネ、ヒト、情報が国境を越えて自由に移動する度合いが急速に高まること）であり、その状況の下では、これまでさほど国際的側面を持たなかった多くの問題も、国際的な側面が重要化する、あるいはグローバル化の影響を大きく受ける、といった事態になってきているからです。例えば、環境問題（地球温暖化問題）一つをとっても、広い意味での国際学の視点が重要であることが明らかでしょう。

第二は、明治学院大学の国際学部あるいは国際学研究科こそが国際学の研究と実践の始原（ルーツ）であり、国際学を学ぶにはその精神的伝統からいっておそらくここよりもふさわしい場所はないことです。大学として「国際学部」という名称の学部を日本で初めて創設したのは明治学院大学です（一九八六年）。その後、多くの大学でこの名称を持つ学部が作られてきており、また大学院でも「国際」という言葉を含むケースが現在では少なくありません。こうした中で明治学院大学の国際学研究科は、設立当初（一九九〇年）から比較的小規模の大学院ですが、日本で最初に打ち出した国際学のスピリットを現在も継承しているわけです。

第三は、当研究科では多様な研究活動を展開していますが、その根底にはより良い社会、より平和な世界にするために何らかの示唆を与えることが究極の研究動機となっていることです。明治学院の源流がどこにあるかに関しては、内部進学された方はむろんご存じのことであり、他大学から入学された方でもすでに勉強された方がいるかもしれませんが、それはいまから約一五〇年前（一八六三年）にヘボン博士（J. C. Hepburn, 一八一五－一九一一）夫妻が横浜に英学塾（ヘボン塾）を開設されたことを嚆矢としています。ヘボン博士は宗教家であり、医師であり、日本最初の和英英和辞書の編纂者であり、そして教育者でした。同博士自身の日本における多面的な活躍が示すとおり、明治学院は「他者への貢献（Do for others）」をモットーとしてきたのをはじめ、より良い社会、より平和な社会の建設をその建学精神としています。

例えば、当大学には国際平和研究所（http://www.meijigakuin.ac.jp/~prime/）というユニークな研究所が設けられていることがこれを示唆しています。また国際学部には「平和学」という授業があるほか、国際学研究科においても平和に関する専門科目が少なからず設けられています。

私は皆さん全員の研究計画書をつぶさに拝見しました。そこには外国あるいは日本の社会、文化、経済など様々なテーマが掲げられており、それ自体たいへん興味深いものであり、また何らかの新しい見方を提示しようという意図がうかがわれ勇気づけられました。ただ、当研究科で学ばれる以上、どんな研究であれそれは究極的にはより良い社会、より平和な世界を実現するために何らかの示唆を含むものにすることを忘れないでいただきたい。そうあってほしいと期待しています。

なお、アメリカから来日したヘボン博士が幕末から明治初期の日本においていかに多面的かつ大きな活躍をしたか、そしてその一環としてこの明治学院の基礎を築いたかは日本文明史の点からも興味深いことです。できれば皆さんは、在学中に何とか機会を見つけて是非一度その歴史に接する機会を持ってほしいと願っています。そのためには、例えば手頃な書物（村上 二〇〇三、杉田 二〇〇六）を紐解いてみるのがよいでしょう。あるいは、より手っ取り早い方法としては、明治学院のウエブページにも相当詳しく掲載されているので、それを一読するのもよいでしょう。そうすれば、ヘボンの活動精神やそれを反映した多面的な実践活動がよくわかるだけでなく、皆さん自身が縁あって明治学院でこれから研究を開始することになったことに対して歴史的パースペクティブを与えてくれ、またこれからの研究に対して大きな力を与えてくれるはずです。

国際学を特徴づける多様性

国際学を特徴づける一つの性格は何ごとにつけても多様性（diversity）があることです。教員一覧をご覧いただくと直ちにわかるとおり、教員の専門領域は文化、社会、政治、経済など広範囲にわたっており、また教員の出自（文化的背景ないし国籍）も他学部に比べるとここでは著しく多様です。これは学生の皆さんについても同様であり、今春大学を卒業して大学院に進学された方がいる一方、豊かな社会経験を研究に結びつけるべく入学された方もいます。また皆さんの中には日本以外の国籍をお持ちの方（中国、ロシアなど）

もおられ、研究テーマも非常に多様です。

こうした多様性があることは、同僚教員（皆さんの場合には周囲の学生）から思わぬ点で色々学ぶことが多いので、国際学研究科にとって大きな財産になっていると思います。まさに「多様性は力なり」（ペイジ 二〇〇七）といえるわけです。

そしてもう一つ、ここは在学生が比較的少人数の大学院です。この特徴を活かして皆さんがお互いに仲良くなる一方、切磋琢磨し、そして同じ時期にここで学ぶ縁を得た仲間（コーホート）として実り多い大学院生活を送ってほしいと願っています。

三　研究の意味とその取り組み方

次に、研究の意味とその取り組み方について私の理解をお話したいと思います。

皆さんが大学院で行うべき作業は大別して二つあります。一つは、授業の履修や演習への参加を通してそれぞれの専門分野を中心とした高度な知識を修得することです。もう一つは、皆さんご自身が特定のテーマについて研究を行うことです。以下では、これら二つのうち大学院が学部と基本的に異なる二番目の点、すなわち研究ということを取り上げ、それを行う意味やその取り組み方について述べることにします。

研究には二つの側面

研究とは一般に、深く考えたり調べたりして真理を明らかにすることを意味しています。つまり従来知られていなかったことがらを「発見」することを目指した知的活動ということができます。これが最も一般的な理解です。

しかし、私は研究にはもう一つ別のタイプもある、と考えています。これは、経済学において国際的に最も権威のある研究論文ジャーナルの編集者も指摘しているとおり（マクミラン 一九九八）、既存研究を何らかのかたちで統合（synthesize）することです。その結果、既知の事象について従来とは異なる新しい理解が可能になる、あるいは未知の重要な研究課題が浮き上がる、などの結果をもたらすことになります。こう考えるならば、散在する既存研究を統合すること（つまり単に既存研究をサーベイすることではなく新しい視点からそれらを組み立て直すこと）は、豊かな構想力と想像力を必要とする作業であり、それは独創的な研究（通常の意味での研究）に勝るとも劣らない研究といえます。

これら二つのタイプの研究のうち、いずれがより望ましいのかという議論はあまり意味のあることではなく、両者は相互補完的なものであると私は考えます。皆さんがこれから挑戦される学位論文は、これらいずれのタイプであっても構わないと私は考えています。

研究活動を支える動機

ところで、研究活動は未知の領域に分け入って新しい知見を得ることですから、当然厳しさが伴います。また研究論文を仕上げることは、皆さんにとって学位取得の必須条件の一つになっているので、それに大きな負担を感じる方がいても何ら不思議ではありません。しかし、ここで朗報をお伝えしたい。それは、研究活動にはそこにしかない深い喜びが隠されているということです。研究を行っていれば、それが前に述べた二つの意味いずれの場合であっても、ものごとを深く理解できた時、あるいは新しいことを発見できた時には大きな歓びがわき上がるのです。皆さんの中にはすでに、新しい見方に気づく、あるいは既存の様々な知識が一気につながる（脈絡がつく）、といった場面に遭遇され、そこで強烈な感動を覚えたという経験をされた方がいるかもしれません。実は、長い間わからなかったものがわかった時に覚えるあの感動は、われわれが小学生時代から折に触れて経験していることであり、それは大学院レベルでも全く同じことなのです。研究は、それが進む段階において何ものにも代えがたい歓びをもたらしてくれるものなのです。これを「鋭いよろこび」と表現する著名な学者（岡 一九九七、二九ページ）もいます。

こうした無類の歓びは研究の起動力になるはずであり、皆さんは今後努力を積み重ねることによって是非これを体験してほしいと思います。学位論文の作成を単に義務感から取り組むというのであるならばそれは寂しいことですが、その必要はないのです。

これまでの私自身の研究活動を振り返っても、いま述べたような研究に伴う歓びの体験は少なくなく、そうした歓びが伴うことは実感を持って確信しています。私の体験例を一つだけ挙げると、それは金融論と貿易論の理論構造の類似性に気づいた時のことです。金融とは、最も単純化していえば資金の貸借を意味しますが、それは見方を変えれば現在の購買力と将来の購買力を交換するという異時点間にわたる交換取引にほかなりません。これに対して貿易は、ある一時点において国境をまたがって商品を対象とする交換取引です。このように理解すれば、金融も貿易もともに交換取引であるので、その理論の道具立てが共通しており、基本概念も（用語は異なるものの）当然ながら類似性があるわけです。これに気づいたのは自分として大きな「発見」でした。いわれてみれば当然のことであるにもかかわらず、このことは不思議にもどの書物にもまだ書かれていないことであり、私はとてもうれしくなり自分の金融論のテキストに両者の類似性を書き込んで発表した次第です（岡部 一九九九、一二一－一二三ページ）。

セレンディピティ（偶発力）とその前提条件

では、研究を通して得られる新しい気づきないし発見、そしてそれに伴う歓びはどのようにすれば得られるのでしょうか。その答は簡単です。すなわち「学問に王道なし」です。つまり猛烈な勉強が不可欠であり、それが絶対条件だと思います。自らの研究テーマを寝ても起きても考え続けることです。それなくしては、本当に意味のある発見はあり得ないというのが私の考え方です。

ここでは、それを二つのスローガンとして提示しておきましょう。第一は「継続は力なり」、第二は「量は質に転化する」です。

まず、継続は力なり。これは、簡単なことでもよいがそれを継続していくことの大切さを意味しています。例えば、論文や書物を毎日こつこつと継続して読み進め、きちんとノート（あるいはコンピュータ上）にメモをとって蓄積していくことです。

二つ目は、量は質に転化する。単純なことがらでも、それが多量になればもとの要素とは別の性質を持つもの（通常はより次元の高いもの）に変質すること、それがこの意味するところです。まさに「塵も積もれば山となる」、すなわち取りたてていうべき特徴を持たないチリでも、多量になれば山という全く異次元のものに変質する、というわけです。

この二つが示唆しているのは、努力を重ねていれば、ある日突然、思いもかけずに良いアイデアあるいは発見が訪れる可能性があるということです。私もこのことを頻繁に経験しています。こうした新しい気づきないしひらめきは最近、セレンディピティ（serendipity）としてよく話題にされるようになりました。これに関して、フランスの細菌学者ルイ・パスツールの有名な言葉があります。すなわち“Le hasard ne favorise que les esprits préparés.” 英語では“Chance favors only the prepared mind”です。日本語では「幸運の女神は準備された心にのみ訪れる」という表現がぴったりと当てはまります。ここで重要なのは、何かを単に全く「偶然に」あるいは「幸運にも」発見する、ということはあり得ず、その前段階として非常に多量の勉強、思考、ないし情報をまず頭にインプットをしておく必要があり、そしてその場合に限って突然に発見があり得る、という点です。

最近の脳科学の成果によれば、脳は人間が眠っている時にも情報の整理を進める作業を継続しており、その結果として何かのきっかけで新しい気づきないし発見が生じる、とされています。逆にいえば、何もインプットしていない頭に突然何か重要な発見がもたらされる、などということはあり得ないわけです。

以上から明らかなように、研究は一日二四時間を通しての全力作業なのです。そのような認識に立ち、皆さんに具体的な三つのアドバイスをしておきたいと思います。

一つは、猛烈なインプット、すなわち先行研究の渉猟をすることです。確かに、先行研究にこだわりすぎると良い発想が出てこない、あるいはそれは独創的な研究にとって弊害がある、という意見も時々聞かれます。しかし、そのようなことを問題にする前に、まず基本的な先行研究は全部きちんと理解し、批判的検討をしておくことがまず重要だと思います。

二つ目は、寝ても起きても、そして乗り物の中でも、あるいは歩行中でも常に研究課題解決のための糸口を追求するという姿勢を持ってほしいことです。幸運の女神はどこで皆さんにほほえみかけるかわかりません。その準備をしておくことが大切です。メモできる用紙を常時身につけるなどして、アイデアを瞬時にメモする習慣をつけることです。

また学会に参加した場合、研究者の発表を漫然と聞くのではなく、何が最も重要な点なのかを厳しい目で見て判別するとともに、それが何か自分自身の研究に援用できないかといつも追求することが必要です。そして、不要なことはあえて切り捨てて本当に重要なことがらに焦点を絞って事象を理解するという厳しい姿勢をとることも大切になります。なぜなら「現実は多様であり多様な要因が相互に関連しあっている」というような漠然とした理解はそもそも研究といえるものでなく、複雑な現象であってもそこにおいて本質的に重要な要素だけを抽出することによって理解を深めるという姿勢（モデル化といってもよいでしょう）を貫くことこそが研究にほかならないからです。

三つ目は、修士論文であれ博士論文であれ、その部品を今日から少しずつ、そしてこれが重要なことですが毎日（！）こつこつと、そして継続的に作っていってほしいことです。これは、現実的なことでないと思われるかもしれませんが、入学したばかりの皆さんであっても非常に大切なことなのです。そもそも修論や博論は皆さんにとって高くそびえ立つ最大の目標であり、したがってそれは研究の最終段階で書くものである、という考え方をしていませんか。そのように考えるならば、修論や博論のことが毎日皆さんに重くのしかかり、大きな心理的負担になります。しかし、そのように捉える必要はないのです。

少しずつでもよいから毎日継続して（メモ程度のものでもよいので）何かを書いていく

ことが重要なのです。これは私が以前から「継続は力なり」という表現で大学院生に対して述べ続けていることです（岡部 二〇〇九ｃ）。事実、その道の大家たち（ハーバード大学の論文執筆センターの臨床心理学者）が書いた『毎日一五分で博士論文を仕上げる方法』という書物（ボルカー＝ハートマン 一九九八）においてもそうした取り組み方が推奨されているのです。なお、修論や博論はれっきとした学術論文であり、それをどのような様式に従って仕上げるかを熟知することも不可欠です。これらについては多くの手引き書があるので、早いうちに是非その幾つかを熟読してほしいと思います（勧めたいものとして例えば、川崎 二〇一〇、ダンリービィ 二〇〇三）。

以上述べた研究についての姿勢のほか、国際学とは何かという問題は皆さんにとって大きな関心事だと思います。幸い私はこれら両方についてやや踏み込んで書いた書物『大学生へのメッセージ——遠く望んで道を拓こう——』（岡部 二〇〇九ｂ）を最近刊行しました。この書物を、研究科長としてではなく一人の教員としての私から皆さん一人一人への個人的なプレゼントとして贈呈しますから、参考にしてくださると幸いです。

四　結語

グローバル化が進む状況下、大学および大学院に関してもその波が押し寄せてきています。つまり大学の場合、そこで達成された教育の質について国際通用力があるかないか（quality assurance）が厳しく問われる時代になっているのです。このため欧州（四六ヵ国）では、ボローニャ・プロセス（Bologna Process）（ＯＥＣＤ 二〇〇九、一一一－一一三ページ、二〇五－二二九ページ）という大学の学位構造の収斂、あるいは大学教育の質保証のための共通枠組みを推進する動きが活発化しています。アジアを含む世界のその他地域でもこうした動きは今後強まる見通しです。

およそ四〇年前、私は米国の大学院で勉強する機会に恵まれました。その後時代を下ってから今度（約二〇年前）は、米国の二つの大学院で教壇に立つ経験をしました。この結果、私は米国の大学院において学生および教員という両方の立場からその実情に接する経験をしてきました。そこから得た最も強烈な印象は、米国の大学院では学生は誇張ではなく一般に「死にものぐるいで勉強している」ということでした。率直にいえば、これまでに私が接してきた日本の大学院における学生の勉学ぶりは、これに比べると残念ながら生ぬるいと言わざるを得ません。

わたしたち研究科の教員は、この大学院で皆さんが学び身につける力量と学位が国際的にも通用するものとすべく種々努力しているところです。一方、皆さんが修士課程あるいは博士課程で修得される高度の専門知識あるいは研究能力も当然ながらその水準に達することをわたしたち教員は期待しており、その点では妥協しないつもりです。それを承知のうえ、これから大学院授業科目の履修と研究活動に励んでいただきたい。

本日新しいスタートラインに立たれた修士課程の皆さんにおかれては二年後に国際学修士号を、そして博士（後期）課程の方は三年後に国際学博士号を何としても手にするのだ、という固い決意を新たにしてほしい。今日はその第一歩を踏み出す日であり、力強い歩みを始めてください。皆さんのそうした決意と実行を期待して私の挨拶とします。

（明治学院大学大学院　国際学研究科長としての新入学大学院生への歓迎の挨拶、二〇一〇年四月三日）

二　博士論文の基本要件

渡邊頼純先生（慶應義塾大学教授。博士課程在籍・松井謙一郎氏の指導主査、中国・復旦大学から衛星回線による遠隔方式で博士課程セミナーに参加）、いまＳＦＣの教室のスクリーンに映し出されている画面でお姿を拝見すると、扇子をお使いのご様子。本日の中国・上海はかなり暑そうですね。こちら（慶應ＳＦＣ）は幸いにも比較的気持ち良い陽気となっています。

さて、本日の博士課程セミナーでは、大学院「グローバル・ガバナンスとリージョナル・ストラテジィ」プログラムに所属する教員を前にして松井氏が博士研究「米州地域の通貨制度選択に係る考察」の中間発表をされました。この研究に対して山本純一先生（慶應義塾大学教授）とともに副査を仰せつかっている者として、私はその研究をより良いものにする責任があるので以下、率直かつやや辛口のコメントをいたします。大きなコメントが一つ（より正確にいえば一つと半分）、そしてやや具体的コメントが三つ（論文を構成する三つの部それぞれにつき一つ）あります。なお、それ以外の細かいコメントは、セミナー修了後に発表者に対して直接メモを手渡します。

論文全体の分析枠組み欠如

この研究に対する私の大きなコメントは、論文全体を統合する分析枠組みが欠如している、あるいは少なくともそれが不明確である、ということです。

先ほどの発表によれば、この論文は三部構成になっています。すなわち「地域研究の視点（事例分析）」「米州全体の視点（域内労働・人口移動の勘案）」「金融実務の視点（代替選択肢の勘案）」、この三つから成っています。つまり、今回の発表では三つの独立した話、ストーリー、あるいは論文（いずれの表現であっても構いませんが）を聞いた、という印象を強く受けました。

確かに、そのように比較的独立した三つの論文をもって一つの博士論文にする、という発想もあり得ます。現に、米国の一流大学の経済学分野の博士課程では、従来は長編の博士論文を書かせるケースが主流でしたが、近年はむしろ「三論文主義」とでもいうべき仕上げ方が主流になっています。すなわち、博士論文は、一つのテーマについて長編論文を書くのではなく「オリジナリティが十分保証された三つの独立した論文」によって学位論文とする、という方向に変化してきているわけです。

例えば、ハーバード大学における経済学の博士論文の場合、論文のタイトルがインターネット上に公表されているので、それを見るとこの傾向が明白です（巻末三〇五ページの引用文献リストのURLを参照）。そのことを確認するため昨日、同大学の最近における経済学博士論文の表題をウエブ上で見たところ、合計二四の論文の表題が掲載されていますが、二〜三の例外を除くとほとんどすべての場合、「Three essays in Development Economics」とか「Topics in International Economics」という一般的な表題が付けられており、その表紙の中に比較的独立した三つの論文を収める、という体裁になっています。米国の大学におけるこうした流れの背景にはむろん様々な要因がありましょう。

しかし、発表者（松井氏）にとって重要なのは、SFCにおける博士論文は、他の日本のほとんどの大学院の場合と同様、そうした米国流の方針を採っていない、あるいは許容していない、という点です。つまりSFCで博士論文を提出する以上、一つのテーマのもとに大きな論文を書くことが要請されること、つまりSFCはいわば伝統的な「大論文主義」を採っていることをよく理解する必要があることです。このため、論文はその各部分が全体として有機的連関を持って構成されていることが不可欠です。そうでない論文は学位審査委員会をパスすることができません。

なお、仮にＳＦＣが米国流の「三論文主義」を採っているとしても、いま発表された三つの論文は、現段階ではそれぞれがオリジナリティの高い一つの完成した論文になっているというにはなおかなり距離があるように思います。その点と改善方向がまさに後述するやや具体的な三つのコメントにほかなりません。

博士論文の基本要件

博士論文は、何らかの点で「独創性があること」が最も基本的要件であることは誰もが完全に一致する見解だと思います。しかしそのことが具体的にどういうかたちをとって示されるべきかについては様々な考え方があり、明示的かつ統一的に書かれたものがあるわけではありません。いわれてみれば格別新しいことでないかもしれませんが、私はこれまでの経験をもとにそれを四つの条件として整理しています。すなわち、(一)先行研究の批判的検討、(二)明確な分析枠組み、(三)その分析枠組みの妥当性の論証、(四)独創性（originality）、この四つが満たされていることです。

先行研究の批判的検討とは、当該博士論文の主題に関連する従来の研究を幅広く展望し、それらを体系的に整理するとともに適切かつ批判的な評価を行うことです。つまり、当該博士論文はこの作業を踏まえて位置づけられるものになっていることが明示されなくてはなりません。その結果、論文主題に関して従来とは異なる明確な分析枠組みが提示される必要があります。そしてその新しい分析枠組みの妥当性が論理的に、実証的に、あるいは歴史的に論証されていることが求められます。そしてこれら一連の知的作業が独創的なものであること（独創性）、つまり博士論文は人類が持つ既知の知識に何か新しいことを付加する要素を持っていること、これが博士論文の究極的な評価基準になります。これはいうまでもないことでしょう。

なお、上記四つの条件は、博士論文に求められる構造上の基準を主張するものですが、必ずしも研究を行う場合の手順を主張するものではありません。つまり、すべての先行研究をまず渉猟しなければ新しい分析枠組みを構築できない、ということを述べたいのではありません。先行研究の批判的検討と独自の新しい分析枠組みの構築は通常、相互にフィードバックする循環的な作業です。しかし、最終的に論文としてまとめる際には、上記

（一）と（二）という形式にする必要があることを主張しているわけです。

以上が博士論文に関する私の一般論ですが、これをもとに発表者（松井氏）の論文を評価すると、すでに述べたとおり（二）の「明確な分析枠組み」が欠如しているというのが私の最大のコメントです。発表者は何らかの（新しい）分析枠組みを構築し、それを明確に提示し、そしてそれをもとに論文全体を構成することが不可欠です。これまで長年、SFCにおいて博士研究が進められるプロセスを見てきましたが、今回と同様の問題を含むケースを少なからず見る機会がありました。そうした場合には、いま述べた条件を満たすべく論文を何度も改訂することによって初めて学位取得に至っているのです。

論文構造の改善提案

では、この論文をどう改善できるでしょうか。現段階の論文のイメージとその改善方向を図示するとこのようになります（次頁の図を参照）。

現在の論文を構成する三つのパートは、いずれも通貨制度に関するものではありますが、相互にほとんど関連を持っていません。したがって、二つのことが必要になります。一つは、この三つのパート（三論文）を明確に位置づけるための分析枠組み（右図の矩形）を

図　博士論文の構造改善提案

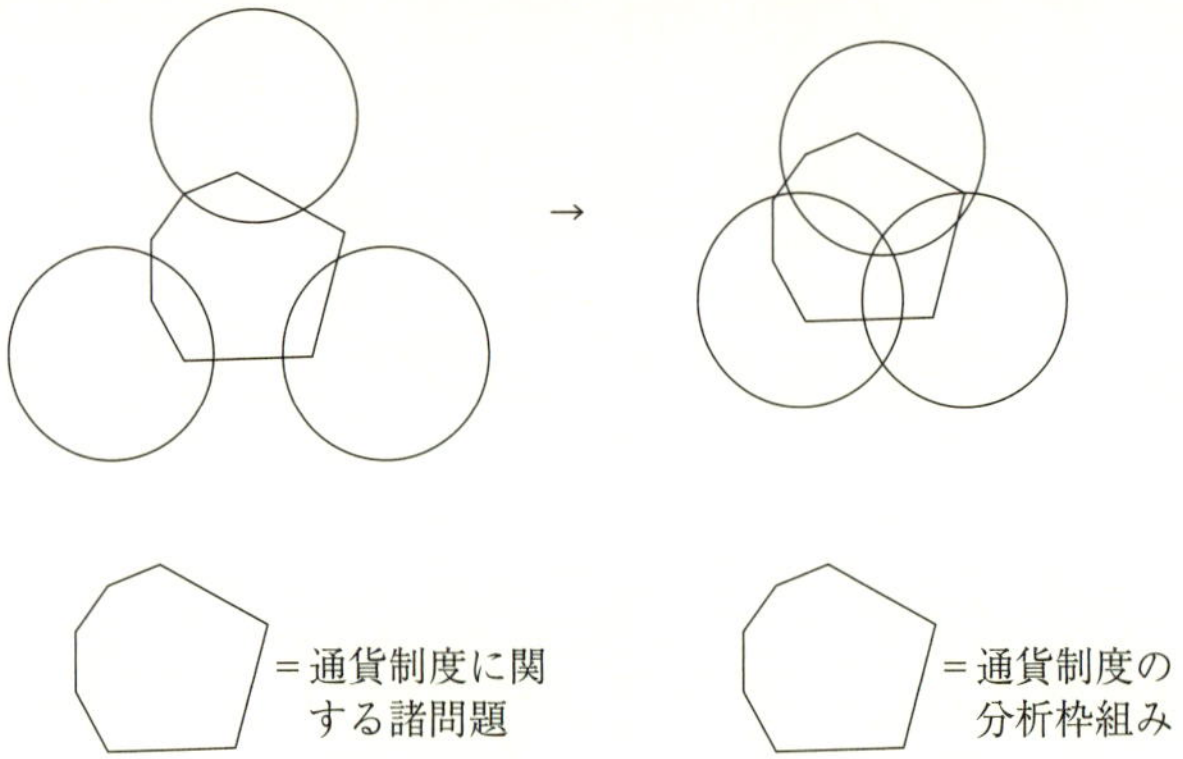

構築することです。もう一つは、その枠組みに従って三論文を相互に関連を持つものとして改訂すること（三つの論文に共通項を作り出すこと）です。

　具体的にいえば、通貨制度を考える場合の最も基本的な理論的枠組みである二つのことが現時点では明示的に言及されていないので、それを考慮したうえで何らかの分析枠組みを構築する必要があります。そのための標準理論の一つは、マンデル（一九六一）の「最適通貨圏の理論」つまり幾つかの地域（国）が共通通貨を導入するためには幾つかの条件が満たされる必要があるという命題、を考慮に入れることです。もう一つは「三目標同時達成の不可能性（impossible trinity あるいは trilemma）」という開放マクロ経済学におけるよく知られた命題（例えば岡部 二〇〇三を参照）をそれにかみ合わせて援用することです。この命題は、資本移動の自由（それは資本の効率的活用を可能にする）、国内金融政策の自律性（それは国内経済の安定化に資す）、固定為替レート制（それは貿易円滑化に資す）という三つの望ましい政策目標のうち、実現できるのはいずれか二つだけであり残りの一つは実現できない（実現を放棄せざるを得ない。三つ同時達成は不可能）という理論的にも実証的にも確立されている命題のことです。通貨制度を扱う論文であるにもかかわらず、現時点ではこれら二つの標準理論への言及がほとんどないのはむしろ不思議な気がします。

したがって、今後の課題としては、少なくともこれら二つの視点が通貨制度を論じるうえで基本的な考え方であることを説明する、それらの命題の有用性、問題点、限界などを指摘する、そしてそれらを改善、修正、ないし延長する枠組みとして新しい枠組みを提示する、などの記述をした第一章（あるいは長い序章）を新たに追加し、論文全体に統一感を与えることが不可欠となりましょう。

そうした新しい枠組みがどのようなものかを私はすぐに思いつくことはできません。しかし、論文全体を構成する三つのパート（論文）の中には、例えば財政・金融政策（第一論文)、労働や資本のモビリティ(第二論文)、自立的金融政策の放棄(同)、共通通貨(第三論文)など、上記二つの基本理論に関連する用語がすでに含まれているので、それらを深く考察することによって論文全体を統合する何か独自の枠組みを作ることができるのではないかと直感的に感じます。またその必要があります。その枠組み構築においてこそ著者は独自性を発揮し、それをもって論文の核にしてほしいと考えます。

以上が第一番目のコメントですが、あと半分のコメントは、論文題目に改善の余地がある、ということです。原題は「……の制度選択に係る考察」となっています。「に係る考察」という表現はあまりに一般的すぎ、何もいっていないに等しいといわれても仕方がありません。そもそもすべての論文は「に係る考察」です。これは、すでに述べたように全体としての分析枠組みが欠如していることを如実に反映しています。そこで、著者が意図しているとみられる分析視点を取り入れるならば、例えば「……の制度選択に関する政治経済学的分析」といった表現が可能だと思います。そのように分析視角が明瞭なタイトルを工夫すべきでしょう。

以下、この論文を構成する三つの部それぞれについて、具体的な問題を指摘するとともに改善のためのコメントをします。[その記述は省略]

松井氏の場合、博士後期課程に入学される前にすでに多くの研究論文（査読付き論文を含む）を発表しておられるので、規定の必要在籍年限（三年間）を満たさなくとも例外規定を適用することによって博士号を取得できる可能性が大きいと思います。ついては、論文の骨格を再度検討し、三論文が一体化したSFCの研究理念にふさわしい視点に立った作品へと早急に仕上げられんことを期待しています。

（慶應義塾大学大学院　政策・メディア研究科博士課程セミナーでの意見発表、二〇一〇年五月二二日）

［追記］　慶應義塾大学大学院博士後期課程においては、標準的には三年間在籍して博士論文を作成し、その審査が合格することによって博士号を取得できることになっている（他大学と同様である）が、とくに優れた研究業績を挙げたと認められる場合には一年間以上在籍していればそれが可能とされる特例がある。松井氏はこの特例適用の対象となり、博士後期課程にわずか一年間在籍することによって博士論文を完成し、二〇一一年三月に博士号が授与された。

三　大学院国際学研究科の特徴と入学の勧め

国際性、学際性、多様性が本研究科の特徴

明治学院大学大学院国際学研究科は、人類が直面する紛争や平和、貧困、食糧、環境といった様々な地球的諸問題をできる限り学際的に研究すること、それを通じて「国際的視野を持ったプロフェッショナル」（専門家あるいは研究者）を育成すること、を基本的な理念としています。

このためカリキュラムは、従来の学問体系にとらわれず、問題中心型の設定をしています。具体的には、世界社会研究、紛争平和研究、日本アジア研究の三つの柱があり、いずれの領域も専門性と学際性のバランスが取れた研究が行えるように配慮しています。国際学研究科でありながら日本研究を一つの柱に置いていることを不思議に思われるかもしれませんが、これは外国を見ることによって日本が深く理解できるからです。これが本研究

科の特徴でもあり、設立当初から大きな柱の一つとなっています。

学生の指導は、各大学院生の担当教員が中心となって密接かつきめ細かく行うとともに、専門の異なる複数教員も同時に指導にあたるなど学際的な指導体制をとっています。また、教室における講義に加えて、海外フィールドワーク制度やカリフォルニア大学など海外の六つの大学院との交換留学制度も整備されています。

専任教員は、研究業績が豊富な著名教授あるいは言論界でよく知られた教授が多数おり、外国籍の人、国際社会で実務経験をした人など多様なスタッフで構成されています。学生も日本人はもとより、中国、台湾、ロシア、インドネシアなど国際性豊かな構成です。まさに、国際性、学際性、多様性が本研究科の特徴といえるでしょう。

研究者としての基礎的な素養を身につける「国際学基礎演習」

私の専門は金融論、日本経済論ですが、近年最も力を入れてきたのは「コーポレートガバナンス」（企業統治）に関する研究です。コーポレートガバナンスとは、企業を構成し、あるいは企業に関与する様々な主体（ステークホルダー）の力関係がどのように錯綜するとともにそれが調整されるか、そしてその結果、企業活動がどう規律づけられるかの仕組みのことです。これを立体的に理解するには学際的な視点、そして国際比較の視点が不可欠であり、それはまさに国際学研究科の理念とも合致しています。

大学院では、博士前期課程学生にとって必須の「国際学基礎演習」を主に担当しています。ここでは研究論文の読み方、書き方、そして研究における誠実さ（academic integrity）など、研究者としての基礎的な素養をしっかりと身につけてもらうことを目標に少人数セミナーを運営しています。こうした基本的な知的スキルは、研究者にとって非常に大切なことです。

また、私は日本銀行における勤務のほか、米国、豪州での教員経験があります。そうした体験や研究に基づいた金融関係の専門的な話に学生諸君が大きな関心を示す場合が多いのはもちろんですが、それ以外にも生活面での規律や自律性を学生諸君が身につける必要性をセミナーでは強調しています。こうした面での指導は、働き始めてから役立つこととして学生の興味を引くようです。また、口酸っぱく言うのは、日本語をきちんと話せることの重要さです。論理力、伝達力を総合するのが日本語力であり、その力量の上達を図ってもらうべく色々アドバイスしています。

現在の演習履修者は外国からの留学生を含め全員が本当に真面目な学生であり、そして学修意欲に富んでいます。とてもうれしいことです。

教員の研究分野を事前によく調べて自分に最も合致した選択を

本研究科に迎え入れたい学生像は、（一）当然のことながら国際的な問題に強い関心があること、（二）大学院は学部と異なりプロフェッショナル養成の場であることを理解し全生活を勉強に打ち込む決意があること、そして（三）将来は国内外のＮＰＯやＮＧＯ、国際的な組織あるいは国際的関わりのある仕事などを展望していること、などです。これらの条件に合致する学生を優先的に迎え入れたいと考えています。

また、本研究科では多様な領域の勉強ができるので研究テーマは入学後にじっくり検討して決めよう、という発想をしているとすれば、それは得策ではありません。各教員の研究領域などは各種情報を利用すれば十分に把握できますから、事前に徹底的に調べたうえで入学し、自分に最も合致した教員から直ちに指導を受けることができるようにするのがよいでしょう。

本研究科は横浜市郊外の緑濃い丘に位置する自然豊かな恵まれた環境にあります。その学びの場で、充実した教育・指導体制のもとに「国際的視野を持ったプロフェッショナル」になることを目指してください。

（日経電子版「大学・大学院ナビ」明治学院大学大学院国際学研究科の特徴について。http://campus.nikkei.co.jp/ck/4827408_1.html）

第二部　先端研究論文

一　経済政策の目標と運営についての再検討
――二分法を超えて（序説）――

概要

伝統的に経済政策の目標とされてきたのは（一）資源の効率的な配分、（二）景気と物価の安定、（三）所得の公正な分配、などである。また政策主体はもっぱら政府であることが前提とされてきた。しかし、経済政策が人間味のある豊かな社会のための政策であるならば、伝統的な目標に加えそれ以外の幾つかの目標（社会の安定性、美徳、文化的価値、公平性など）も念頭において研究する必要があり、またそれを考慮した政策運営が求められる。一方、政策運営の主体も、政府に加え、NPO・NGOなど各種中間的組織あるいは協働体の役割が重要になっている。それらを反映した新しい概念（公民連携、ガバナンス、制度等）を軸とした研究の推進が期待される。

はじめに

経済政策とは一般に、刻一刻と変化している経済に対して、政府ないし公的部門（中央銀行、地方自治体等）が何らかの手段と方法で働きかけることにより、国民をより豊かでより快適な状態に導いていくことを指す。そこでは、対象や目標が時代とともに変化してきただけでなく、手段や民間部門の関わり方にも新しい考え方が次々と登場している。そして政策の根本思想自体にも、幾つかの対立する大きな流れが従来からあり、それぞれの視点から様々な議論がなされてきている。

本稿は、まず経済政策に関する伝統的な理解を整理したうえでその問題点を指摘し、次いで現代の経済政策において重視すべき幾つかの点を一つの分析枠組みを用いて明らかにすることを意図した序説的考察である。具体的には、従来の「政府か市場か」という二分法に基づく政策論の発想から脱却し、現代では政策対象や政策に関与すべき主体など多くの側面において各種の「中間的」な対象ないし主体を重視しなければ実り多い結果が得られなくなっていること、そしてこれに伴って新しい分析概念も必要になっていること、などを主張している。

以下、第一節「従来の経済政策論の標準的な視点」では、経済政策の目標、種類を述べるとともに、標準的な分析道具を用いて経済政策の従来の論理を整理する。また政策の主要思想を概観し、政策論に関する幾つかの重要論点を解説する。第二節「標準的な視点における問題点」では、政策目標と政策運営主体について従来の発想の問題点を指摘する。第三節「政策目標の多様化と政策選択」では、まず政策目標が二つの場合の政策選択の性格を論じ、次いで目標が三つになった場合の政策選択がどう変化するかをモデル分析で示す。また、その結果を幾つかの具体的政策に対して適用する。第四節「政策の運営主体と運営方法」では、政策の運営主体として各種「中間組織」が重要化していることを述べるとともに、政策運営方法に関しては公民連携（ＰＰＰ）、企業の社会的責任（ＣＳＲ）、ガバナンスなど各種の新しい発想ないし概念が不可欠になっていることを論じる。第五節は結論である。

一　従来の経済政策論の標準的な視点

経済政策の研究には様々な領域があり、また論点も多岐に亘るが、ここではまず（一）そのうち最も基本となる政策目標と政策の種類を整理する。次いで（二）経済分析の標準的なモデルを用いて経済政策の論理を解説する。そして（三）より大きな視点から経済政策思想の流れを整理するとともにその現状を簡単にまとめる。最後に（四）経済政策に関するその他幾つかの重要論点を取り上げて解説する。

（一）経済政策の目標、政策の種類

経済政策に関するほとんどの議論において伝統的に政策目標とされるのは（一）資源の効率的な配分、（二）景気と物価の安定、（三）所得の公正な分配、この三つである。短くいえば、配分の効率性（efficiency）、景気の安定性（stability）、分配の公平性（equity）である。これらが重要な政策目標になることは疑いを容れない。そのために各種の関連指標が注目され、その動向を反映して各種の政策が採られることになる（表一を参照）。

こうした古くから着目されてきた三つの目標に加え、その後（四）経済成長（growth）、（五）革新（innovation）も重要目標になった。そしてより最近では（六）環境保全（environmental protection）、（七）生活の質（amenity）なども加わってきている。

このように政策目標が拡大してきたのは、一つには、市場経済システムによっては十分に対応できない側面（いわゆる市場の失敗）への取り組みの必要性が増したためである。

表1　経済政策の目標と政策の種類

経済政策の目標	関連する指標	具体的な政策名
1．資源の効率的な配分（efficiency）	生産性、インフレ率、失業率	・競争（独占禁止）政策、・産業政策
2．景気と物価の安定（stability）	インフレ率、失業率、経済成長率	・マクロ経済政策
3．所得の公正な分配（equity）	ジニ係数、インフレ率、失業率	・財政政策、社会保障政策 ・マクロ経済政策
4．経済成長（growth）	経済成長率、生産性上昇率	・租税政策、産業政策
5．革新（innovation）	新製品数、特許件数、技術進歩率	・技術政策、金融制度政策
6．環境保全（environmental protection）	大気汚染度、水質汚濁度	・環境規制、環境対策補助
7．生活の質（amenity）	下水道普及率、犯罪率	・公共事業、治安政策

（注）1．マクロ経済政策は、金融政策および財政政策を指す。
　　　2．著者作成。

環境保全がその代表例といえる。

いま一つには、社会経済環境の変化（所得水準の上昇、経済取引のグローバル化等）によって目標の重点が変化したためである。例えば、近年の経済政策において技術革新の促進、生活の質向上などが重要な政策目標になったのは、それを反映している。

(二)　経済政策の論理
――モデルによる整理――

経済政策の上記主要目標のうち、資源配分の効率化（上記一）、革新の活発化（上記五）、所得分配の公正化（上記三）は、その論理を次のような簡単なモデルによって理解することができる。

資源配分の効率化

資源配分が効率的であるとは、一定量の生産要素投入の下で最大可能な生産物の組み合わせを実現していること、または一定の生産物の組み合わせを得るうえで最も少ない生産要素の組み合わせが対応している状態を指す(1)。

いま経済に財Xと財Yの二財だけがある簡単なモデルを考えよう（図一）。例えば、財Xは米、財Yはコンピュータとするとイメージが掴みやすいかもしれない。この経済の生産可能性曲線（生産フロンティア）を$x_1 y_1$とする。つまり、曲線$x_1 y_1$は、この経済にとって所与の生産要素と所与の生産技術の下で生産可能な二財の量の組み合わせを示している。そして、この曲線は右上方向に凸（原点に対して凹）の性質を持つと想定できる。すなわち、二つの財の生産に関してはトレードオフ（一方を増加させると他方は減少させざるを得ない）関係が存在し、かつ、両財の組み合わせに関しては限界変形率（一方の財の一単位の犠牲によって得られる他方の財の追加的生産量。限界技術代替率ともいう）が逓減する、と想定することが自然だからである。

図１　資源配分を効率化する政策

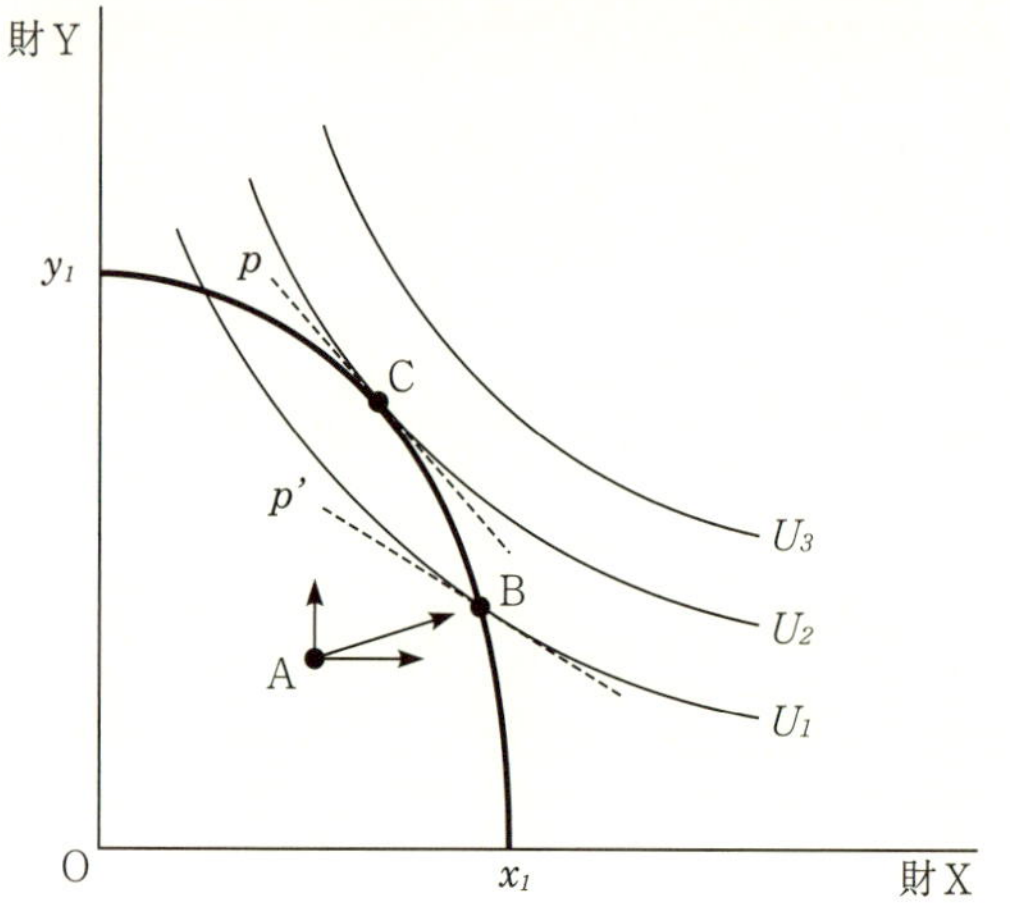

　一方、曲線Uは社会厚生関数であり、社会として享受できる効用の無差別曲線群によって構成される。この経済において、消費は二財の間でトレードオフの関係があり、また二財の効用の限界代替率は逓減するので原点に対して凸の形状をしていると想定できる。

　いま、この経済で生産が点A（の座標）で示される状況でなされているとしよう。すると、点Aでは最適な生産量が達成されていないことが明らかである。なぜなら、点Aよりも右上方向に位置する生産可能曲線上の点、例えば点Bに移動することによって、財X、財Yの両方の生産を増加させることができるから、点Aよりも点Bを選択すべきだからである。その場合には、点Aを通る効用無差別曲線よりも点Bを通る無差別曲線（U_1）が右上方にあることから、この経済の消費者にとっても点Bの方がより望ましいことがわかる。点Aでは生産水準が潜在能力以下にとどまっている（資源の不完全利用が発生している）ので、この場合には総需要を拡大することによって点Bに移動させる政策を採るべきである、といえる。つまりケインズ的なマクロ経済政策（需要拡大策）が要請され、それに大きな意味があることになる。

では、点Bは果たして最適点なのか。答は否である。なぜなら、点Bにおける消費の限界代替率は直線p'の傾斜で示されるが、それは生産の限界代替率を示す直線（点Bを通り生産可能性曲線と接する直線。図示していない）よりも傾きが緩く、両財の相対的な価値について消費者の評価と市場の評価が合致していない（消費者は生産者よりも財Yを相対的に貴重だと判断している）からである。このような状況が発生するのは、典型的には市場における競争が制限されている場合である。したがって競争促進政策ないし独占禁止政策を取るべきであるといえる。そうした政策によって、点Bは生産可能性曲線上を点Cまで移動することになり、点Cにおいて生産者と消費者の限界条件が一致するとともに、社会厚生はU_1よりも上方にあるU_2に移るので経済が最適状態に至る。

以上のように、この経済では点Aから点Bへの移動、そして点Bから点Cへの移動が望

図2　革新を活発化する政策

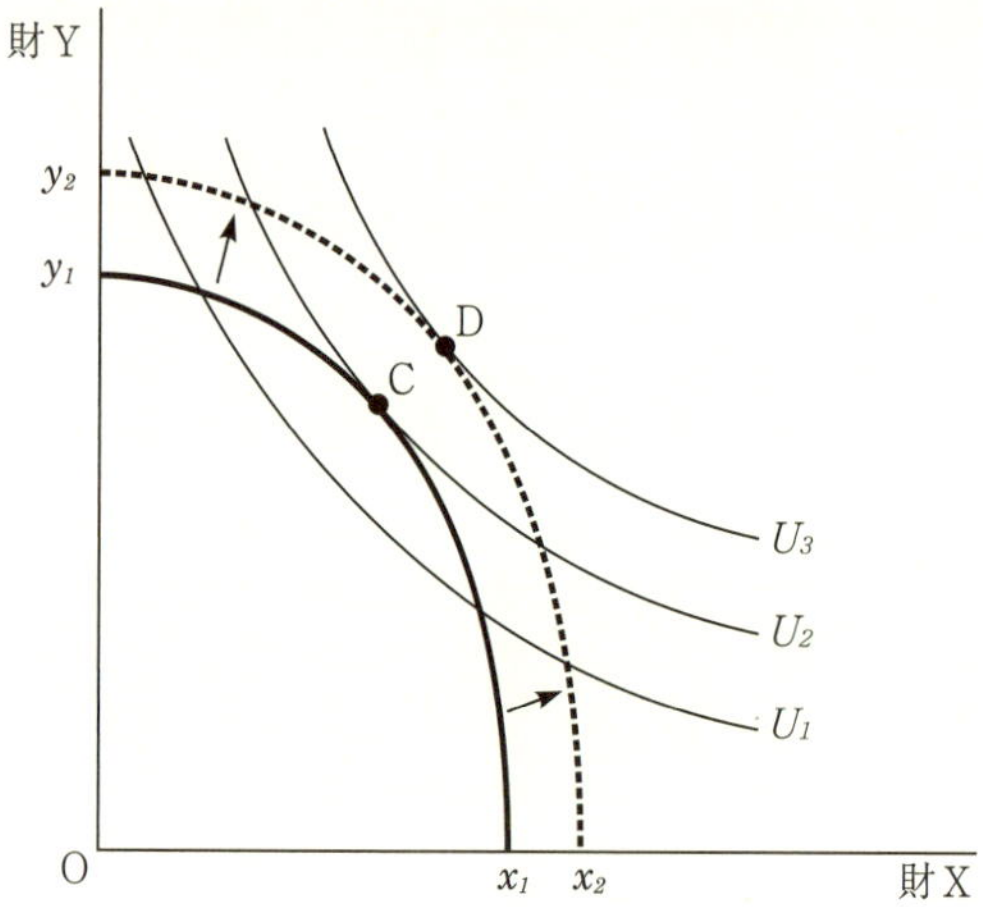

ましいわけであり、それぞれに対する政策として総需要追加政策、独占禁止政策が位置づけられることがわかる。

革新の活発化

上記政策で達成された点Cは、短期的には明らかに効率性を満たしているが、長期的には必ずしもそうとはいえない。なぜなら、長期的には生産技術の向上などの要因によって生産可能性曲線自体が右上方向に拡大する可能性があるからである。いま生産可能性曲線がx_1 y_1からx_2 y_2に拡張したとする。この場合には、経済の最適点は点Cから点Dに移ることになり、社会厚生はU_2よりもさらに上方にあるU_3にまで高まるので経済は長期的にみて最適状態を達成することになる（図二）。

これから明らかなように、生産フロンティアを拡張させることは長期的に見て非常に大きな意味を持つ。それを可能にする政策としては、各種の技術革新政策がある。例えば、技術開発融資、リスクマネーの供給に適した金融システムへの改革、特許政策、技術革新を支援する租税政策など、多様な政策手段がある。

所得分配の公正化

次に、所得分配の公正化がなぜ政策目標になるのか、その理論的根拠を考えよう。公正化ないし公平化とは何か。それには多くの議論が必要である（後述する）が、ここでは、所得がある程度平等化することであると考え、単純なモデルで考察することにしよう(2)（図三）。

まず便宜上三つの仮定をおく。すなわち（一）個人の効用は定量化可能である（可測性）、（二）社会の厚生は個人の厚生の和である（加法性）、（三）個人の所得の限界効用は逓減する（逓減性）、この三つである。また一国は比較的裕福な者（富者）と貧困な者（貧者）の二人から成っており、それぞれの所得が$O_R A$、$O_P A$であったとする。

図3　所得分配を公正化する政策

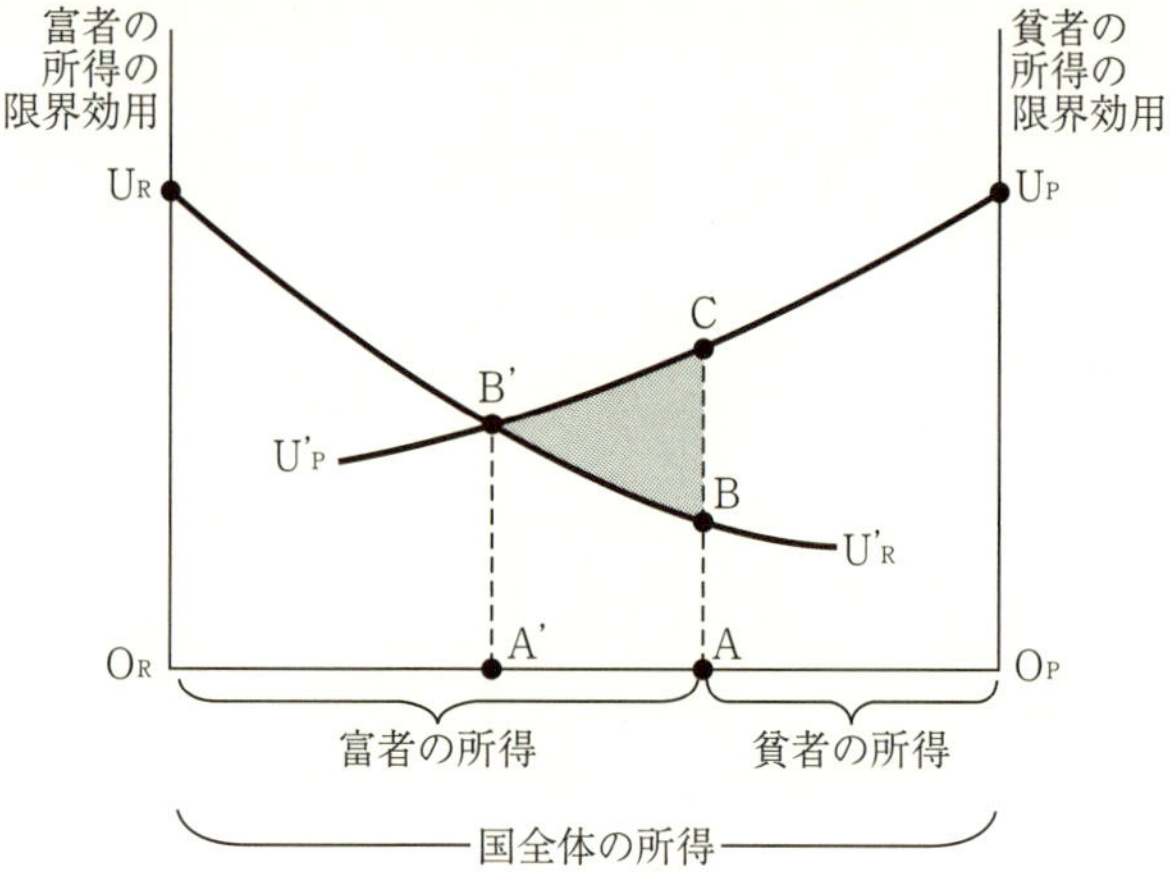

すると、この社会全体の経済厚生は、富者の効用（$U_R O_R A B$で囲まれる面積）と貧者の効用（$U_P O_P A C$で囲まれる面積）の合計になる。いま政府が、富者の所得のうちAA'を取り上げてそれを貧者に分配するという所得再分配政策を実施したとする。すると社会全体の経済厚生は、再分配後の富者の効用（$U_R O_R A' B'$で囲まれる面積）と再分配後の貧者の効用（$U_P O_P A' B'$で囲まれる面積）の合計になる。

ここで注目すべきは、富者が再分配政策によって失う効用（$A' A B B'$で囲まれる面積）と、貧者が政策後に得る追加的効用（$A' B' C$で囲まれる面積）を比べると、後者の方が大きいことである。つまり、所得再分配政策の結果、富者と貧者の効用の合計（社会全体の厚生）は再分配以前よりも$B'BC$で囲まれる面積だけ増加していることがわかる。これは、高所得者から財源調達し、それを低所得者に分配する政策を行えば、一国全体としての福祉は改善することを示唆している。累進課税、あるいは最低生活保障など所得再分配政策にはこのような意義があることがわかる。上記は強い仮定をおいた議論であるが、それらの仮定を色々なかたちで緩めたとしてもこの結論は基本的に妥当することが知られている。

　問題はむしろ「公正な分配とは何を指すのか」である。これは政策論において古くから議論されてきた問題であり、単純な結論を得るのが難しい問題でもある（熊谷 一九六四：三〇一－三〇七ページ）。（a）完全に平等な分配、（b）貢献に応じた分配、（c）必要に応じた分配、そのいずれが望ましいのか。このうち（a）の見解は、理論的にも経験的にも支持されない。なぜなら、程度はともかく、所得は貢献度の違い、必要度の違い、仕事におけるリスクの違いなどの要因によって当然異なってくる面を持つので、完全平等にはなり得ない（なるべきでもない）からである。一方（b）の見解は極度の不平等な分配を生む可能性があり、それは暴動や犯罪など社会不安を高めるので、結局富者にとっても望ましくない面を持つ。また、（c）の見解は、生産への貢献度とは切り離して必要に応じて分配するという考え方である。そのため、分配の平等度合いは高まるが、働いても働かなくても同じであれば能力のある人が意欲を失い、社会全体として生産が低下する可能性がある。結局のところ唯一の解答はなく、人々に機会の均等への対応をする一方、後述するように社会の連帯感を維持しつつ（b）と（c）を組み合わせた対応を行っていくべきであるといえる。

(三) 経済観と経済政策の思想

政府が取り組むべき上記のような経済政策については、従来から対立する大きな二つの思想がある。それは、究極的に経済全体の運行をどう理解するか（経済観）についての差異を反映したものといえる（表二を参照）。

その一つの流れが、一九三〇年代の大不況の克服に大きな思想的影響を与えた英国の経済学者ケインズの流れをひくケインジアン（あるいはニュー・ケインジアン）と称される思想である。この見方は、市場メカニズムに対する不信を根底に秘めており、したがって政府に大きな役割がある（policy activism）という理解をする。分析の中心はマクロ経済であり、経済の短期的変動の克服を重視する。そして政策の重点は総需要のきめ細かい管

表２　代表的な経済観と経済政策思想

	経済観と経済政策の思想	主要論客	政策例
ケインジアン（ニュー・ケインジアン）	・市場メカニズムへの不信。 ・政府に大きな役割（policy activism）。 ・中心はマクロ経済分析。短期変動を重視。 ・総需要管理政策に重点（fine tuning）。	・トービン ・クライン	・1960年代の主要国
新古典派（マネタリスト）	・市場メカニズムへの信頼。 ・新自由主義。人間の合理的行動を重視。 ・政府の役割は小（裁量よりもルール） ・供給面の重要性を強調。	・ハイエク ・フリードマン ・バロー	・1980年代の主要国（レーガン、サッチャー、中曽根） ・ニュージーランド
現代マクロ経済学	・マクロ理論のミクロ理論的基礎付け。 ・市場の役割増大を基礎とした経済観。 ・政策として市場作動条件の不備是正。 ・政府と民間のゲーム的把握。政策枠組重視。	・アカロフ ・スティグリッツ	

（注）著者作成。

理（fine tuning）にある。

いま一つの流れは、新古典派（あるいはマネタリスト）と称される思想である。ここでは市場メカニズムに対して基本的に信頼が置かれ（このため新自由主義などとも称される）、人間の合理的行動を重視して経済のメカニズムを理解する。したがって政府の役割は小さく、経済への関与は「裁量的政策よりもルールに基づく対応を」という立場を取る。分析の中心はミクロ経済分析であり、経済の長期均衡に力点が置かれる。そして政府が関与すべき政策領域としては、需要面よりもむしろ供給面が強調される。

これら二つの流れは、経済観自体に大差があるうえ、経済分析の手法においてもそれぞれ独自の方法が取られてきたため、一九三〇年代以降色々な場面で対立してきた。しかし、最近およそ二〇年間は、これらを統合する研究が一つの大きな流れを形成している。これが現代マクロ経済学であり、従来のマクロ理論にミクロ理論的な基礎を与えるかたちでマクロ経済学を再構成しようとする視点に立つものである(3)。こうした現代マクロ経済学は、基本的に市場の役割を重視する経済観であることにかわりないが、その一方、市場の作動条件ないし作動環境の不備を是正することを政策の重点とする点が特徴的である。また政策分析においては、政府と民間部門の関係をゲーム論的に把握し、政策内容自体よりもむしろ政策の枠組みを重視する傾向が強い点も特徴である。

(四) 経済政策に関するその他幾つかの重要論点

上記の基本的論点のほか、経済政策に関しては幾つかの重要な問題が指摘されてきた。

ここではそのうち幾つかを見ておきたい。

社会厚生関数不可能性の問題

第一は、経済政策の目標とはいっても、それは果たして国民が何らかのかたちで合意したものと見なすことができるのかどうかという、ある意味で根本的な問題である。換言すれば、民主主義の基本的手続である投票による多数決原理によって望ましい政策を選び出すのは不可能である、という理論的な主張（投票のパラドックス）があるが、この命題と政策目標の関係をどう考えるかである。

この「投票のパラドックス」として知られる命題は、約五〇年前にアメリカの経済学者アローが「個人の順序づけ（価値観）から社会の選択を導く民主主義的手続は一般に存在しない」というかたち（不可能性定理）をとって理論的に証明したものである。これは「社会厚生関数非存在定理」とも称され、ある意味で驚くべき結果である。しかし、その議論では、個人は他の個人の意見に無関心であり、完全に独立した自己の選好順位を持っていることが前提となっている点に留意する必要がある。逆にいえば、現実の社会においては（一）個人の判断は不確実な情報に基づいてなされる、（二）個人の見解は他人と情報ないし意見を交換することによって形成される面もある、(三) 基本的価値や文化は共有される場合が多く、また他者への配慮もある、というのが実態であり、それらを考慮すれば、国民の間にはある程度共通の判断が形成されると見るべきである。

したがって、投票のパラドックス(不可能性定理)は理論的に興味深い一つの帰結ではあるが、現実の経済政策を考える場合には大きな懸念をいだかせるものと考える必要はないであろう。

制御工学的な政策観

第二は、従来の経済政策分析においては、政策の実施は技術的な問題あるいは制御工学的な問題と見なしているが、それは妥当とはいえないという指摘(ディキシット 二〇〇〇)についてである。すなわち、従来の政策論では(一) 政府は経済が作動するメカニズムを理解している、(二) 政策評価基準が設定されている、(三) 政策介入の手段が明示されている、(四) 評価基準を最大にするように政策手段を動かす、ことが経済政策であると理解されている。つまり、完全情報(知識の完全性)、社会厚生関数の存在、政策手段の外生性などが前提されているが、それらは現実妥当性に欠ける、という批判である。確かに妥当な指摘である。

従来の政策論のこうした難点を克服するため、民間部門の期待や行動動機を取り込んだ研究も広がりをみせている。例えば、同一の政策であってもその有効性は民間部門の受け止め方のいかんによる面があるので、時間的非整合性（time inconsistency）の問題[4]を考慮すれば、政策の一貫性ないし民間部門の信頼性（credibility）が重要な前提になる、といった議論がその一例である。また、従来のような命令と統制を基礎とする政策運営方式（command and control approach）に代えて、政策目的達成意欲が高まる方式（incentive compatible approach）についても近年研究が進んできている。この政策発想はもはや研究の段階を過ぎ、現実の政策運営（例えば銀行監督政策[5]）において幾つか導入されるに至っている。

政府の失敗という問題

第三は、そもそも政府が経済政策を行うのは、市場メカニズムには内在的な欠陥がある（公共財の供給は不可能であるなど「市場の失敗」がある）からであるが、それを解決すべく登場した政府も期待どおり機能できない要因を多々抱えているという問題である。つ

図4　公共選択論の視点から見た政策決定過程

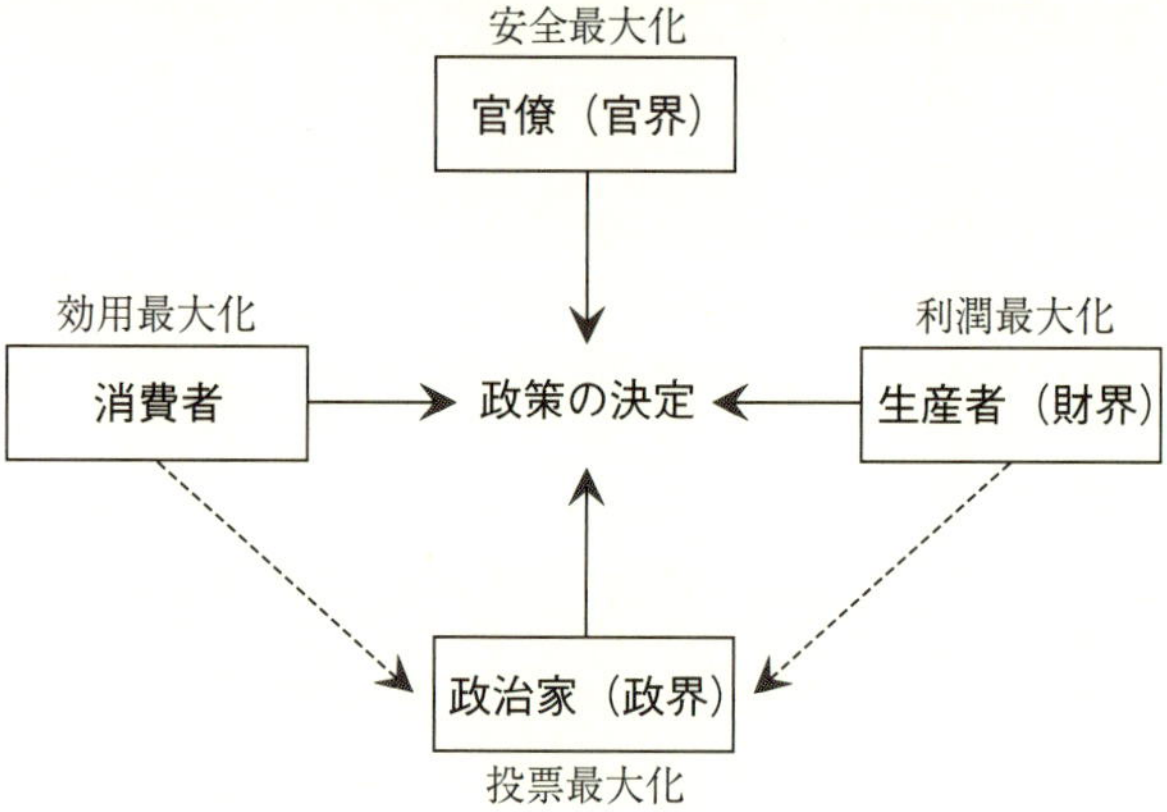

（注）著者作成。

まり市場の失敗だけでなく「政府の失敗」もある、という指摘である。

従来の政策論においては、完全情報ないし情報優位に位置する政府（エリート集団）が高潔性を持った賢人として適切なタイミングで政策を実行する能力と動機がある、という前提[6]が置かれていた。しかし現実には、ある政策が企画され実施されるのは、民主制と官僚制のもとにおける政治過程を通してである。この視点に立った政策分析は公共選択論（public choice theory）と呼ばれ、政治学と経済学を橋渡しする一つの重要な領域になっている。このような観点から、関連主体のそれぞれの目的関数最大化行動を前提にして経済政策の決定過程を理解（モデル化）すれば、例えば図四のようになろう。これは、政府の失敗、あるいはより広く「非市場の失敗」(non-market failure)を考慮して政策過程を理解する必要性を示している。

上記のような政策の政治経済学的な理解は、政策分析の視点として興味深いものである。ただ、社会における問題解決こそ政策を考えることに本来の意味があるという実践的、積極的な視点から見ると、何か物足りなさを感じざるを得ない。

なお、こうした政府の失敗は、プリンシパル＝エージェント理論を用いて理解することもできる。すなわち、国民は自らの利益のためになる政策を行ってもらうべく政治家を選出していると理解すれば、国民は依頼人（プリンシパル、本人）であり、政治家は国民の代理人（エージェント）である。この場合、政治家は依頼人である国民の利益よりも自分の利益を優先させる行動を取る可能性がある。したがって、実際の政策は国民が期待するものから乖離する可能性が生じる。

さらに、政策の立案や法案の起草には多大な労力を要するので、政治家はそれらを自ら行うよりも、それらに熟達した官僚に作業を肩代わりさせる方が合理的な面がある。したがって、実際の政策は情報優位者である官僚（政治家の代理人）の意向が影響し、政治家（依頼人）の意図から逸脱する可能性が生じる。このように依頼人と代理人の関係が連鎖的に存在する状況では、実際に施行される政策は最適なものでなくなる可能性が大きい。

こうした事態が生じること、あるいはそれを回避するために何らかの監視制度が必要になることを併せてエージェンシー・コスト（エージェンシー関係に伴って発生する様々な広義の費用）と呼んでいる。代議制のもとではエージェンシー・コストの発生が不可避であり、このことが国民にとって最適な政策が実行されない結果をもたらすことになる。

二　標準的な視点における問題点

以上、経済政策研究のほんの一部を概観した。これらを網羅的に展望するのは著者のなし得るところではないが、以上見た限りにおいても、新しい視点からの理解や多分野的接近が進むなど、様々な方向に発展している。しかし、達観すると二つの点でやや問題があるように思われる。

第一は、政策目標として定量的に把握しやすい政策目標（例えば効率性）は十分に扱われているが、そうでない政策目標（例えば公平性）、あるいは経済学を超えた目標（例えば社会の安定性、美徳、文化的価値）はその重要性にもかかわらず扱われることが比較的少ないことである。確かに経済学は、明確な前提を置き、それによって分析が厳密かつ容易になることが一つの特徴であり、その結果、明確な結論を得ることができる場合が多い。その切れ味の良さが経済学の持ち味といってもよい。

しかし、そうした行き方はあくまで便法であり、考慮すべき色々な視点や重要な政策目標をそのために犠牲にしてよいことにはならない。経済政策を現実に実施する場合、例えばその政策が社会の安定性、美徳、文化的価値といったより高次の目標に背馳しないかどうかも判断に入れたうえで政策の最終的な評価と判断がなされなければならない。

第二の問題は、ほとんどの経済政策論において共通していることであるが、政策の運営主体として政府（多くの場合中央政府）だけを（たいていは暗黙のうちに）前提していることである。むろん経済政策は、市場の失敗を補正する政府活動の一環であり、基本的には政府の役割である。

しかし現実には、上記のように「政府の失敗」が色々な面において生じる可能性があるうえ、情報化の進展などから各種民間主体が情報、スキル、インセンティブ等の面で政府よりも優位に立つ場合も多くなっている。その結果、それらの主体が政府に代わる（あるいは補完する）役割を果たせる状況が増えてきている。また、従来対照的なものとされてきた政府の役割と民間主体の役割は峻別されるべき性質のものではなく、むしろ両者がそれぞれ優位性を携えつつ上下関係なく密接に協力する道も現実に多く見られるようになっている。

次の三節および四節では、以上二つの視点を入れて経済政策の考え方を再検討したい。

三　政策目標の多様化と政策選択

政策目標が一つしかない場合には、複数の政策の中から問題なく最適政策を選び出すことができる。しかし、政策目標が二つあるいはそれ以上ある場合にどの政策を選ぶべきか、それは必ずしも単純でない。ここでは、まず政策目標が二つの場合を取り上げ、幾つかの具体的政策例に言及しつつ政策選択問題を考える。次いで、政策目標が三つになった場合、それがどう変化するかをモデル分析によって明らかにするとともに、望ましい政策の考え方を幾つか例示することとしたい。

（二）政策目標が二つの場合の政策選択

いま政策目標として「効率性」と「自由」の二つが設定されているとする。効率性とは、前述したとおり一定の産出物を得るうえで最も少ない投入量でそれが可能になっている状態であるから、これは「経済厚生」と見なすことができる。そしてこれが望ましい目標になるのは容易に理解できる。

なお、ここでは、こうした効率性を（a）所与の一つの目標を最小限の資源投入で達成する運用上の効率性（operational efficiency. 狭い意味での効率性）と、（b）目標達成のための複数の手段のうちで最も望ましいという意味での効率性（goal efficiency. 広い意味での効率性）の二つに分けて考え、後者の観点で優れている場合を効率性（効率的）ということにする。一方自由は、多様な選択肢の中から人間が自らの好みに従って対象物が選べるないし行動できることを意味しており、これが民主主義社会の基本的要請であることは容易に受け入れることができよう。

次に経済政策に二つのプラン（政策理念とそれを具体化した対応策の集合）があるとしよう（図五）。一つは政策Aであり、これは自由よりも効率性に優れるプランである。このプランは特定の一つの政策というよりも、同一政策理念に基づく幾つかの具体的な政策

図５　政策目標が二つある場合の政策選択

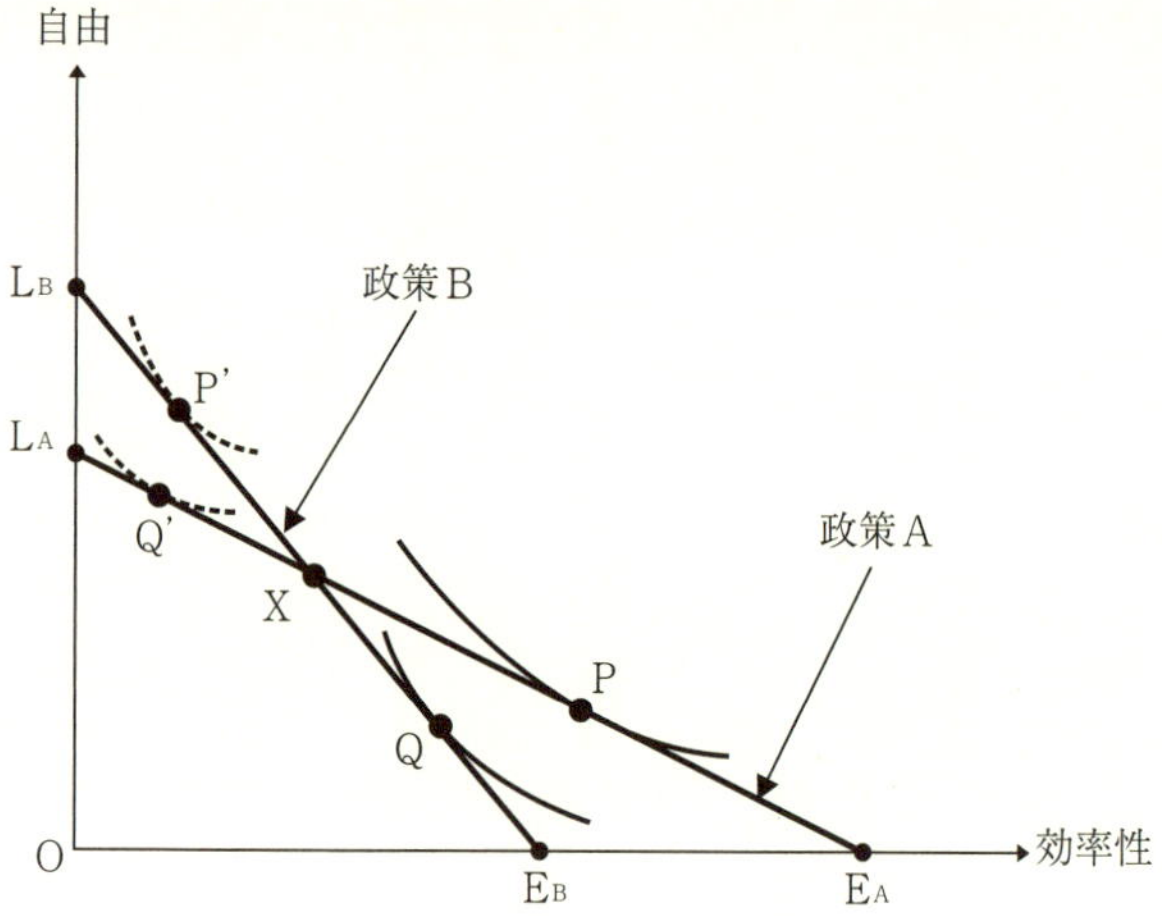

の集合であるから、直線L_AE_A（その直線上の点）によって表すことができる。もう一つは政策Bであり、これは効率性よりも自由に優位性があるプランである。

　社会がこれら二つのプランのうちどちらを選択するかは、いずれが社会厚生関数（原点に対して凸の無差別曲線の集合）を最大にするかによる。もし同図において細い実線で示したような厚生関数を前提する場合には、政策Bにおける点Qを選択することもできる。しかし、これは社会全体にとって望ましい選択ではない。なぜなら、政策Aにおける点Pを選択するほうがより高い社会的効用（点Qを通る無差別曲線よりも原点からより遠くにある無差別曲線）を実現するからである。

一方、もし社会厚生関数が図において細い点線で示したような形状をしている場合（無差別曲線の接線の傾きで示される自由と効率性の限界代替率を見ると自由を相対的に高く評価する場合）、あるいは社会厚生関数がそのような形状に変化した場合には、政策Aにおける点Q'を選択するよりも政策Bにおける点P'を選択することになる。つまり、二つの政策目標のうちどちらに高い価値をおくかによって、政策Aを選ぶか、それとも政策Bを選ぶかが決まってくる。

政策目標が二つの場合の政策選択に関する幾つかの例

上記のモデル分析は抽象的なので、上記の枠組みを応用した政策選択の例を幾つか挙げておきたい。

第一の例は、どのような産業振興策を取るかの選択についてである。日本の戦後復興期あるいは高度成長期においては、政府が基幹産業ないし将来性が高いとされた産業を戦略的に育成しようとするいわゆる産業政策が採られた。これは対象産業に各種の優先的配慮を加えるとともに政府の各種行政指導がなされるので（目標達成上の）効率性が高いものといえる。一方この政策では、企業ないし各業種において活動の自由度が狭められる面があった。したがって、この戦略的産業育成策は上記の政策Ａに該当する。これに対して、政府介入をせず企業活動の自由を保証しつつ市場競争を通じて産業育成を図ろうとするプランは、政策Ｂに該当する。

企業活動の自由よりも目標産業の育成を確実に達成する方が相対的に優先される場合には、上図の点Ｐ（政策Ａ）が選択される。一方、経済の成熟化により企業活動の自由度拡大（規制撤廃）が要請されるようになれば、社会厚生関数の形状が（上図の細い実線から点線へと）変化するので点P'（政策Ｂ）が選択されることになる。

第二の例は、総需要調節政策としての金融政策の実施方法の選択についてである。かつての日本では、金利の人為的規制が行われる一方、資金供給は日本銀行が民間金融機関の貸し出しに対して直接的なコントロールを行っていた。したがって、金融引き締めを迅速かつ確実に行ううえではこの政策（政策Ａ）が勝っていた。しかし、規制による歪みが金融機関相互間あるいは金融部門とそれ以外の部門の間において顕著になる一方、金融グローバル化による自由化圧力も強まった。このため社会厚生関数の形状が変化し、上記の意味での効率的な政策よりも、市場取引の自由度を優先させる政策（政策Ｂ）に取って代わられることになった。

第三の例は、公営事業（郵政等）の民営化を行うかどうかの選択についてである。政策の目標が（郵政事業の効率化ではなく）国民相互間の公平性を重視した郵便局の立地のあり方にあるならば、事業の公営（事業体の経営自由度は少ない）を維持するのが目標達成の意味で効率的である。政策Ｂの選択である。これに対して、事業体の活動の自由を（経営効率化の観点等から）重視するならば、郵便局立地をコントロールできる程度は低下するものの、別の政策（政策Ａ）が選択されることになる。なお、この例に関連していえば、社会厚生関数の形状が以前と現在で変化したかどうか（したがっていずれの政策が採用されるのが望ましいか）は明らかでないのが現状といえよう。

第四の例は、医療保険や年金保険などの社会保険の運営方法の選択についてである。国民全体の厚生維持という大きな目標を達成する場合、国民皆保険（強制加入）制度を取るならば、国民の自由度は小さくなる一方、制度の対象が全国民になるので目的効率性が高い政策（政策Ａ）になる。これに対して、政府または民間の保険に自由加入する制度とするならば、国民の自由度は大きくなる一方、国民の保険加入率がおそらく低くなるので目的効率性が低い政策（政策Ｂ）になる。この例の場合も、現在の社会厚生関数の形状が以前に比べて変化したかどうかは明らかでない。

以上のように、各種の経済政策ではたいてい幾つかの政策プラン（理念）があるが、そのうちどれが選択されるのかは、社会が効率性と自由を相対的にどう評価するか（そうした評価が時代によって変わっていくか）に依存するということができる。

（二）政策目標が三つの場合の政策選択

次に、政策目標として「効率性」と「自由」に加え、第三の目標が追加された場合を考えよう。第三の政策目標は、現実の政策選択問題がそうであるように、前二者よりも定量化が困難であるとともに、それらよりも高次の目標を導入することにしよう。それに合致する目標としては、例えば「社会の安定」「美徳」「文化的価値」「公平性」などがある。むろん、これら自体をどう厳密に規定するかは詳細に議論すべきことであるが、ここでは、むしろその困難性を指摘すること自体に意味があると考えたい。そして、そうした目標を一括して「公平性」と表現しておくことにしよう。

なお、以下で扱う三つの価値（自由、効率性、公平性）は、サンデル（二〇〇九）が「正義」（justice）に関連する要素として指摘したものにほぼ該当する。すなわち「自由」は、個人の権利を尊重することを意味する。「効率性」は定量化が容易な尺度であり、前述したように生活水準の向上と表裏一体の関係にある。一方「公平性」は「美徳」と密接に関連しており、そして後者はコミュニティ意識ということもできる（サンデル 二〇〇九、原著二六三ページ）ので、良い社会の一つの条件である。

まず、政策目標が二つあり、政策プランが二種類（政策Aおよび政策B）ある場合から出発しよう（図六の上図）。前出のとおり、政策Aは効率性に優れ、政策Bはその面で比較的劣る政策である（煩雑さを回避するため自由に関してはいずれも期待できる達成度が同程度であるとする）。

政策目標が二つの場合には、各政策プランとも二目標に照らして評価されるので、二次元の図においては「直線」で表現される（直線LE_Aおよび直線LE_B）。これに対して、政策目標が三つの場合には、三次元の図になり、各政策プランは「面」によって表現される。ここでは、効率性に優れる政策Aは「公平性」の面ではあまり高く評価されない政策であるとする。この場合、三角形LJ_AE_Aという面が政策Aの性格を表す（図六の中図）。一方、効率性に劣る政策Bは「公平性」の面で高く評価される政策であるとする。この場合、三角形LJ_BE_Bという面が政策Bの性格を表すことになる。

ところが、この二つの三角形（三角形LJ_AE_A、三角形LJ_BE_B）は、三次元空間において線分LXを境に交わっている（図六の下図）。つまり、政策Ａを表す三角形LJ_AE_Aのうち、三角形LXE_Aの部分だけが原点Ｏよりも遠い位置にあり、三角形LJ_AXは政策Ｂを表す三角形LJ_BE_Bよりも原点Ｏに近い位置にある（したがってその部分は政策Ｂより劣位にあるので選択されることはない）ので、政策Ａの意味を持つ部分三角形LXE_Aによって表されることになる。同様に、政策Ｂは三角形LJ_BXによって表される。

つまり、政策目標が三つになる場合には、政策Ａ、政策Ｂの選択において考慮される面はそれぞれ三角形LXE_A（政策Ａ）、三角形LJ_BX（政策Ｂ）に限定されることになる。この二つの面が社会厚生関数（原点Ｏに向かって凸形状をした無差別曲面群）との接点（の座標）が示すかたちで政策が選択されることになる。図示してはいないが、社会厚生関数の形状のいかんによって、政策Ａ、政策Ｂのいずれが選択される場合もあり得ることが明らかである。つまり、効率性については全面的に優位に立つ政策Ａであっても、政策目標が追加される場合には、効率性に劣る政策Ｂが選択される場合もあり得ることがわかる。

換言すれば、ある政策が、経済学の通常の尺度（効率性、景気安定性など）に照らして望ましいとされるような場合でも、新たな政策評価尺度（公平性など）を導入して多面的

図６　政策目標が三つある場合の政策選択

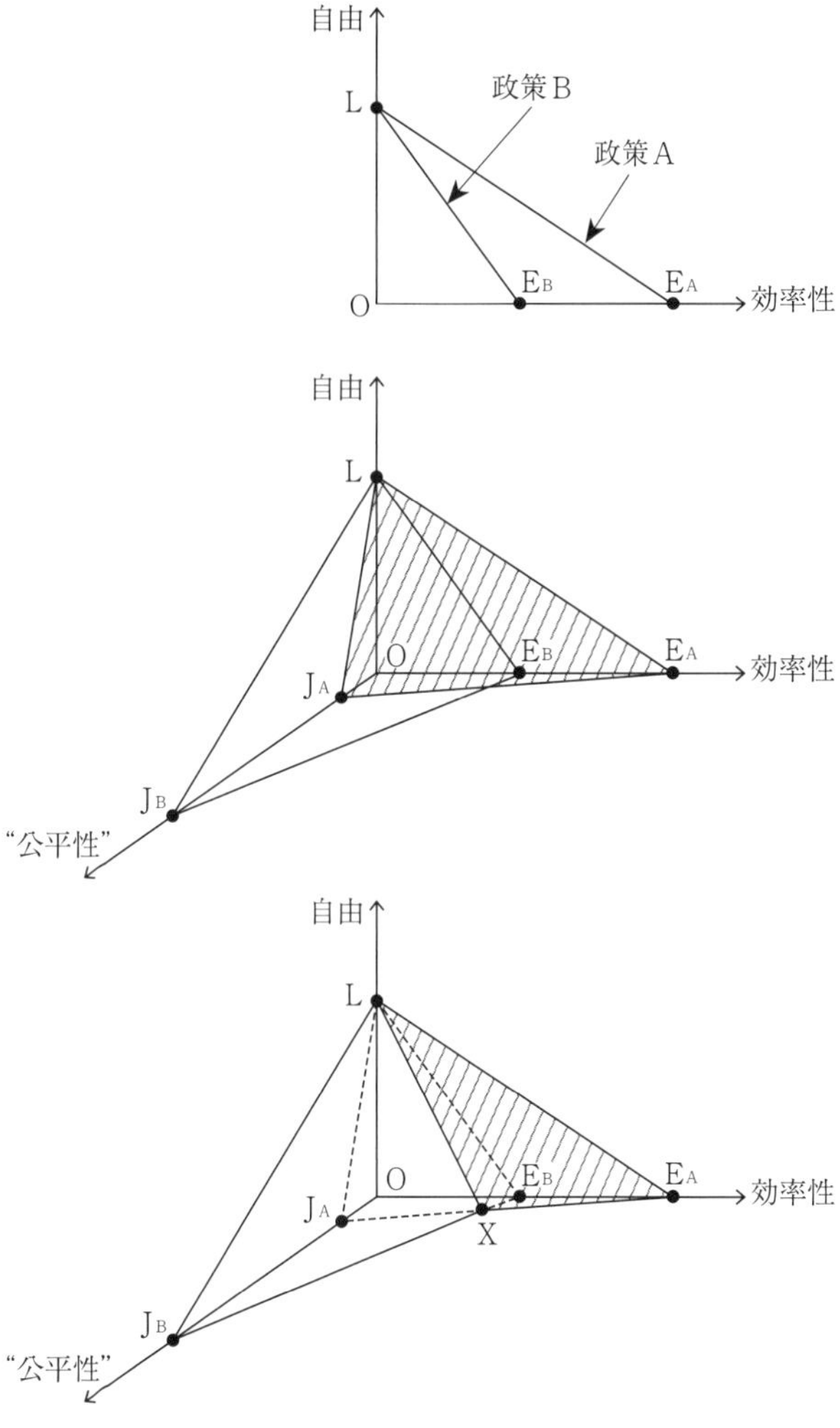

な判断をする場合には、その政策でない別の政策が採用されるべきである、という結論になる場合があり得る。これは、自明のことかもしれないが、実際の経済政策の選択において忘れてはならない視点である。

経済学の通説的政策論と広い視点に立った政策論の例示

以上の論旨を具体的な政策論に適用してみよう。表三は、例として三つの政策領域を取り上げ、それぞれの政策につき市場メカニズムを重視する主流派経済学（新古典派経済学）の論者が主張する政策論の骨子を要約する（同表左）一方、その問題点ならびにより広い視点に立った政策のあり方を述べた（同表右）。

経済学の通説的政策論によれば、農業政策、企業政策、雇用・賃金政策などいずれの場合でも、人間は各種の価格（商品価格、株価、賃金等）を基準に行動するので、それらの価格が自由に形成されるように市場取引の規制をすべて撤廃すれば最も望ましい結果（効率性）がもたらされる、というのが政策論の基本となっている。

しかし、そこでは、国民を消費者・生産者という視点だけから捉えたり、企業の従業員を単なる労働提供者という面だけから捉えたり、あるいは個人だけを問題としその所属組

表3　経済学者による通説的政策論と広い視点に立った政策論（例示）

	経済学者による通説的政策論	左記の問題点および広い視点に立った政策論
農業政策	・日本の食料品価格は国際的に見て著しく高い（米はアメリカの3倍以上）。	・国民を消費者・生産者という視点（効率性）だけから理解、それ以外の尺度（公平、安全、文化等）を無視。
	・日本の米輸入に対する高い関税を撤廃すれば日本人の生活は豊かになる。	・農地の非可塑性、食料安全保障の視点、水田耕作が持つ文化なども考慮に入れる必要。
企業政策	・企業の最終的保有者は株主であり、したがって企業の価値は株式総額によって測定できる。	・従業員を単なる生産要素の一つと位置づけ、人格を備えた人間と見ていない。
	・株式売買はその主体や動機を問わず完全に自由化すべき。	・組織体と商品は同一視できない。企業は人間の能力開発と成長の場、社会に広く貢献する組織、という面の理解も必要。
雇用・賃金政策	・企業では、役員であれ一般従業員であれ受け取る報酬額によって勤労意欲が決定的に左右される。	・組織として団結し強さを発揮するための条件を無視。職場内格差、非正規従業員の増加、一体感の後退、心の安定喪失などを招来。
	・役員報酬には利益連動制を、一般従業員には能力主義・成果主義賃金制を導入するとともに、いつでも転職できる労働市場にすべき。	・組織で働く意味としては、金銭や昇進以外にも、能力開花、達成感、一体感、社会貢献の感覚、などを考慮する必要。

注）1．岡部（2009b：2章3節）を拡充して新規に作成。
　　2．通説的政策論の内容は、農業については野口（2007）、企業について新井（2007）、雇用・賃金については中谷（2000）の所説をそれぞれ援用した。

織との関係を無視するなど、人間の理解が一面的にとどまっている。また、経済政策の目標として、効率性以外の要素にほとんど注意を向けていない。経済学の論理としてこれらの面に焦点を合わせることも一面ではやむを得ないかもしれないが、経済政策論として見た場合、あるいは経済政策を実行する場合には、より広い視点に立った判断を追加することが不可欠である。

例えば、農業政策の場合には、効率性以外の価値尺度、すなわち食糧安全保障、水田耕作が持つ文化的意味、農地の非可塑性（水田をひとたび住宅地にしてしまうと再び水田に戻すのは事実上できないこと）、なども考慮することが不可欠である。また企業政策の場合には、企業が社会や個人（ステークホルダー）にとって多面的な意義を持つことをまず認識する必要があり、株式を自由に売買できるからといって企業を自由に売買できるという発想につなげることにいかに論理の飛躍があるかを認識する必要がある。さらに雇用・賃金政策の場合には、人間が組織で働くのは単に金銭や昇進以外にも能力開花、達成感などの深い動機があることも認識する必要がある。

経済学の論理は明快かつ強力である。しかし、政策判断ないし政策運営においては、より広い視点からの考察と人間と社会に関する深い洞察を欠かしてはならない。

四　政策の運営主体と運営方法

経済政策を考える場合、上記では政策目標に対する再考が必要であることを論じたが、もう一つ再考すべき点は、政策の運営主体と運営方法である。以下では、まず政策運営の主体は何も政府に限る必要はなく、近年は各種「中間組織」の役割が重要化していることを論じ、次いで運営方法に関しても新しい視点ないし概念が必要になっていることを述べる。

（一）政策の運営主体

経済政策の運営主体としては、政府のほか、ＮＰＯ（非営利組織）やＮＧＯ（非政府組織）などの民間組織ないし中間的組織（政府組織でなくまた市場経済を構成する企業や個人といった主体でもないという意味で中間的な性格を持つ）の役割が近年重要になっている。

これを図式的に考えると、従来は「市場か政府か」という二分法（dichotomy）によって経済や経済政策が認識されていた（図七（一））。すなわち、民間主体が活躍する市場が社会作動の基本メカニズムであると捉える一方、これと対極的な主体として政府が想定されていた。そして市場においては、家計や企業が利己的、分権的に活動すると理解する一方、政府はそうした民間活動によっては対応不可能な様々な問題（公共財の供給など）[7]に対処するために権限を集中保有し、強制力を持って問題を補正する主体である、と理解されてきた。

これに対して近年は（図七（二））、民間部門において第三の存在としてのＮＰＯ・ＮＧＯ、あるいはより一般的にいえばコミュニティ（人間がそれに対して何らかの帰属意識を持つ一方、その構成メンバーの間に一定の連帯意識ないしそれを反映した行動が見られるような人間の集団）が重要になっている（今村他二〇一〇、広井二〇〇六）。

こうしたコミュニティは従来の「民」（私）とも「官」とも異なる「公」であり、公共性を持つ新しいセクターである。こうした活動に対して人間は、利己的というよりも利他的な動機で、そして強制されてではなく自発的に関わることが多い点が特徴的である。これらの活動においては環境、福祉、教育、宗教（スピリチュアリティ）といった、従来の二分法では捉えきれない人間活動の重要領域がカバーされており、社会的にも次第に重要性が増している。そして、その組織は、行動動機や組織形態の面で従来の二分法におけ

図７　政策運営における主体とその行動規範

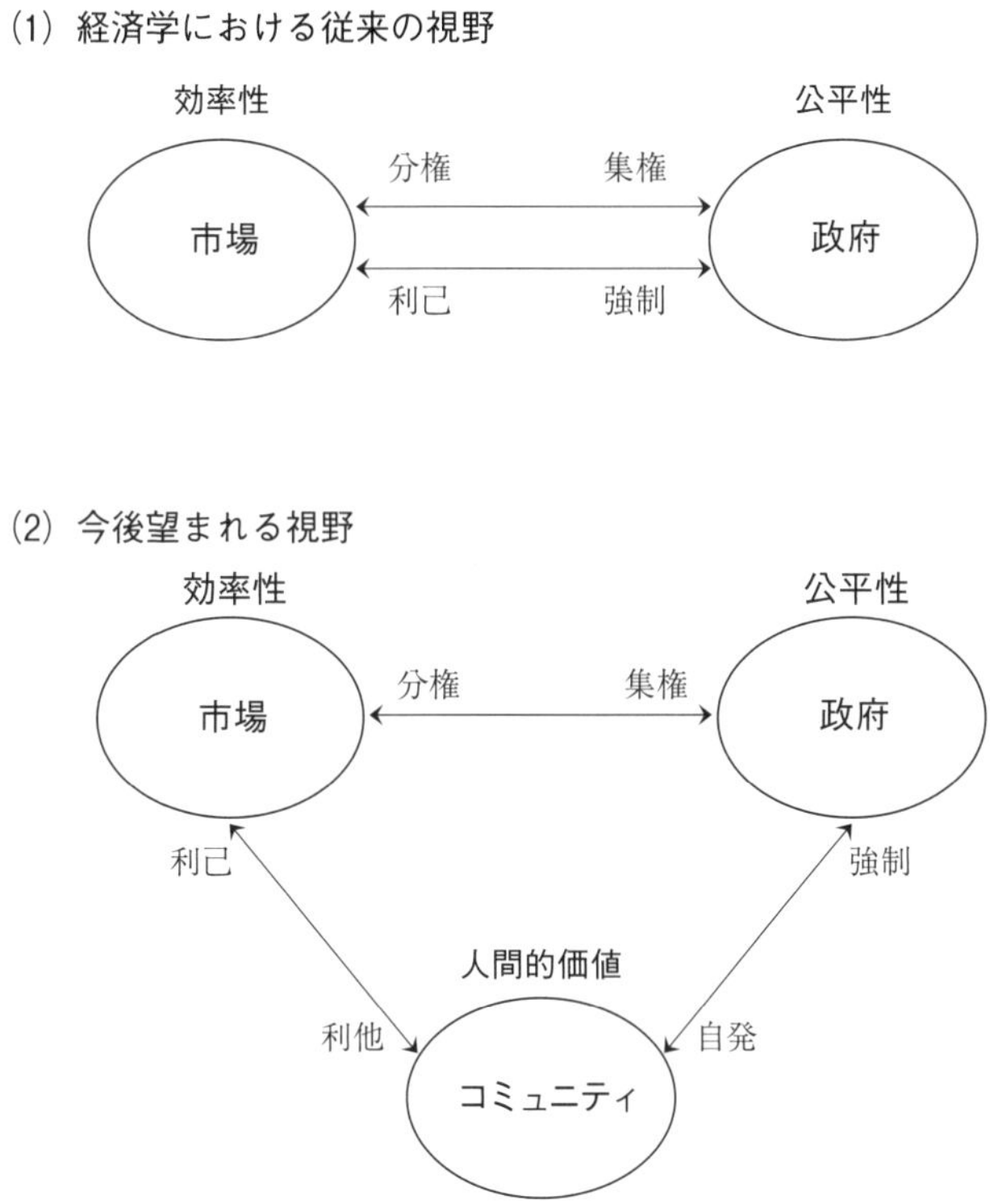

（出所）岡部（2009b：図表３）。

るいずれの主体にも該当しないので「中間的組織」「協働体」などと呼ばれることもある。非営利組織や協働体の行動原理や組織の特徴、あるいはそれらに対する政府の対応の仕方などに関する知見はなお限られており、今後の研究が期待される(8)。

中間的組織が経済政策あるいはより広く社会政策の運営に関与するのは望ましいことである。それは二つの点で理論的基礎を持つ（岡部 二〇〇六b、五四‐五六ページ）。

第一に、中間的組織が関与することは、政策運営主体が一つ新たに加わることを意味し、その結果、社会全体として政策目標をより確実に達成できる可能性が高まるからである。経済政策論においては「政府が n 個の独立した政策目標を同時に達成するには、政府は n 個の独立した政策手段を保持している必要がある」という理論的要請（ティンバーゲン Tinbergen の原理）がある。この発想を援用すると、政策関与主体の追加は政策手段の増加と見なし得るので、政策目標をより確実に達成させることになるわけである。

第二に、問題の所在に関する情報をより多く保有する「現場」を政策に関与させること（いわば現場主義の採用）によって社会問題により効果的に対応でき、社会が安定化する度合いが高まることである。これは「各政策手段は、それが相対的に最も効果を発揮する政策目標に割り当てられるべきである」という政策原理（マンデル Mundell の定理、政策割り当ての原理、経済政策における比較優位の原理などと呼ばれる）に対応するものである。すなわち、現場あるいは中間的組織は、概して政府よりも多くの情報と質の高い情報を保有する場合が多い。このため、これらの主体が社会政策に関与するのは合理性があり、その結果、社会問題の解決と社会の安定化を図るうえで役に立つことになる。

（二）政策の運営方法

以上のように中間的組織の働きが重要になるに伴い、経済政策が対象とすることがらや対応方法に関しても新しい理解ないし新概念、あるいは対応方法が続々と登場している（図八）。ここではそれらのうち、幾つかの重要なものを簡単に見ておこう（これらはいずれも最先端の研究領域であり、そうした研究の現状を展望することは筆者の能力を超えるので以下は単なるスケッチにとどまる）。

まず、新しい研究対象の一つに「共有資源」（common-pool resources）とその管理方法がある。共有資源（通称コモンズ）とは、川、湖、海洋などの水資源、魚、森林、牧草地など個人や組織が共同で使用ないし管理する資源のことであり、それらが乱獲あるいは環境破壊という事態から実際にいかに守られているかという問題である。この問題解決にと

図8　重要化する新しい研究対象ないし行動概念

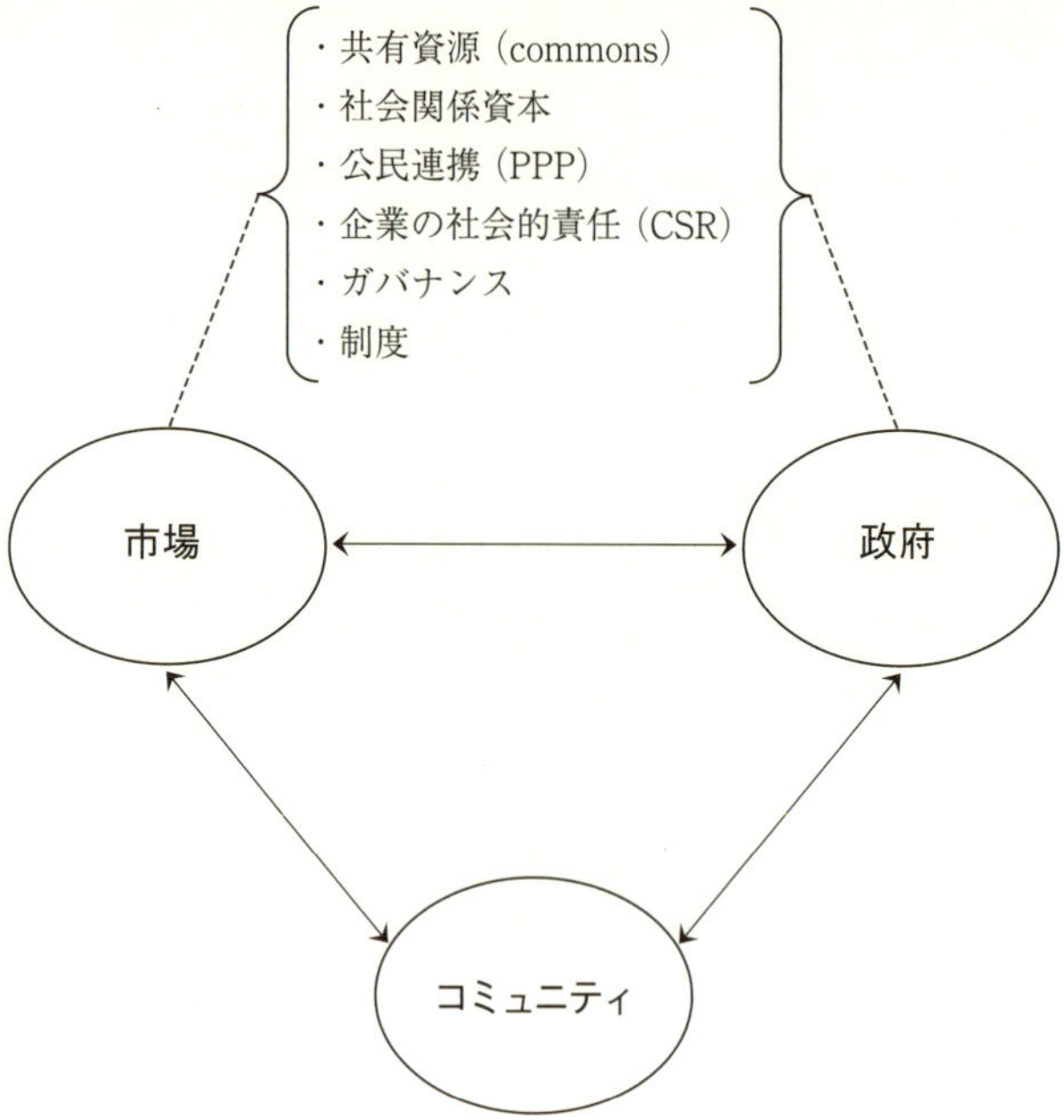

（注）著者作成。

っての従来の理解は「国家による解決か、市場による解決か」の二分法（二者択一的議論）が主流であった。

しかし、その両者いずれも完全に機能を果たすことはできず（失敗するので）、第三の方法として「共有資源に利害関係を持つ当事者が自主的に適切なルールを取り決めて保全、管理するという自主統治（self governance）」が現実の姿であることが解明された（オストロム 二〇〇九）。海や川などの公共共用物の持続的利用方法を決めるのは国でなく地域社会である（熊本 二〇一〇）。つまり市場、政府に加え、コミュニティが補完的役割を果たした時に最も効率的になる、という新しい認識が登場したわけである。

上記にも関連するが、いま一つの新しい研究対象として「社会関係資本」がある。そもそも資本とは、最も本源的な意味では人間にとって何らかの価値を将来生み出す一連の資産のことであり、通常、私的資本と社会的資本に区分される。後者については従来、道路、上下水道、空港、公園など、いわばハードの社会共通資本（social overhead capital）の重要性が従来から注目されてきた。しかし最近は、ソフトの社会資本が「社会関係資本」あるいは「ソーシャル・キャピタル」（social capital）として急速にクローズアップされている。[9] こうした意味での社会関係資本には三つの形態、すなわち（一）信頼関係、（二）ネットワーク、（三）制度（各種のルールや規範）があるとされ（オストロム＝アーン 二〇〇三、序文）、これらは社会問題に対する共同対応力（協調行動）を強める要因として注目されている。

また、これまでは諸問題の解決に際して「政府か市場か」という二分法で捉えられてきたが、従来の政府独自の行動、あるいは民間（企業）の伝統的な行動という慣例を超え、政府や企業において新たな動きが活発化しているのも近年の特徴である。その一例が「公民連携」（public-private partnership、略してＰＰＰ）である（根本 二〇一〇）。これは、公共財・公共サービスの提供においても何らかのかたちで市場機能を活用することを特徴としている。すなわち、政府あるいは地方自治体が政策や公共事業（公共サービス事業、まちづくり、都市計画等）を行う際、民間に開放して参入してもらうかたちで連携して実施することである。民間資金を活用した社会資本整備（private finance initiative, ＰＦＩ）はそのよく知られた形態の一つである。

ＰＰＰの目的は（一）公的サービス提供の効率化（value for money）、（二）民間部門へのリスク移転、にあるとされる（ＯＥＣＤ 二〇〇八）。このうち、（二）の観点から見ると、ＰＰＰは二つの対極的な対応（政府による全量生産、完全民営化）のちょうど中間的な対応方式になっている（図九）。純粋な二分法の視点による対応よりも長所が多いＰＰＰを活用する動きは、海外にも広く見られている（ＯＥＣＤ 二〇〇八）。そして日本においても、鉄道、都市開発、社会福祉サービスなどの分野でこの例が広がりつつある（福川・林原 二〇一〇）。

図９　リスク負担と各種官民連携

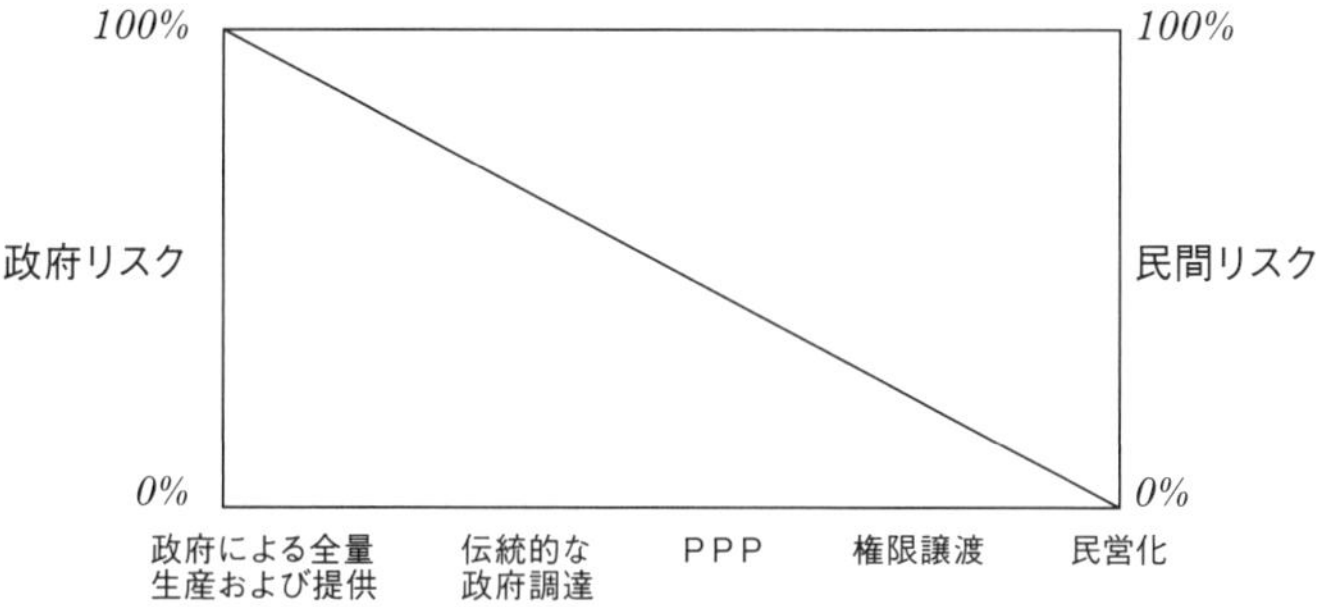

（出典）OECD（2008）図1-1。

いま一つの例は、企業には従来以上の任務が加わっているとする企業の社会的責任（corporate social responsibility. CSR）論である。CSRには多様な定義がなされており、何か新しい責務が唐突に付加されたという趣を持った考え方もある。しかし、突き詰めれば、企業は基本的に社会が求める財やサービスを効率的に生産し供給することを基本的な任務とする組織体である。したがって、その活動の社会への影響を意識しつつ自己責任の経営を正直かつ誠実なやり方で行うこと（平田 二〇〇五）、それがCSRの基本になる必要があろう。そのためには、法令遵守をはじめ、企業倫理基準や国際基準に合致する活動をすることが前提であり、その結果、従業員や取引先などのステークホルダーをはじめ、消費者、地域社会、そして地球環境にまで配慮した活動を行うことが究極的に求められることになる。つまり、企業が意志決定や活動をする場合、私的利益という尺度に加え、公益（public interest）をも考慮する必要性が大きくなっている。これが新しい時代における企業の組織、管理（コーポレート・ガバナンス）、ならびに行動の姿である。

「政府か市場か」という従来の二分法に疑念を呈し、解決を図ろうとするもう一つの立場がある。それは、各種社会問題の解決を図るにはそれに取り組むことを直接の目標とする新しい経済主体を導入し、その成長を図っていくべきである、とする主張である。社会的企業（social enterprise）、社会起業家（social entrepreneur, 町田 二〇〇〇）、あるいは二〇〇六年にノーベル平和賞を受賞したユヌスが提案しているソーシャル・ビジネス（ユヌス 二〇一〇）などの概念がこれに該当する。その概念は論者によって相当差異があるが、（一）人間の行動動機には利己的動機以外に社会に貢献しようとする動機がある、（二）こうした組織体は寄付金などに依存するＮＰＯ・ＮＧＯとは異なり市場経済のなかで必要資金を自ら調達して行く必要がありそれが可能である、などを前提としている点が共通する特徴である。これらの活動は幾つかの領域ですでに現実のものとなっており、今後の展開が期待される。

以上見た幾つかの例に共通するのは「ガバナンス」（何らかの権限あるいは合意によっ

て関係者の間における一つの秩序ないしシステム作動の仕組みが作り出されている状態[10]あるいは「制度[11]」である。従来の二分法にはなじまないこのような概念を軸とした視点の重要性が近年高まっている。そしてその研究も一層注目されるようになっている[12]。そうした流れの中で総合政策学[13]は、まさにこうした中間的組織、あるいはガバナンスや制度といった面から社会を捉えて問題を解決していくことを視点とする新しい学問領域にほかならず、その発展が期待される[14]。

五　結論

本章の主要な論点は以下のとおりである。

（一）　伝統的に経済政策の目標とされてきたのは（a）資源の効率的な配分、（b）景気と物価の安定、（c）所得の公正な分配、であり、それらは論理的にも強く支持される。その後、（d）経済成長、（e）革新、（f）環境保全、（g）生活の質なども政策目標に加わってきている。

（二）政府がこれらの政策目標を達成しようとして行動する一方、民間部門はそれに対して受動的に対応するという理解（制御工学的な政策観）は、現実描写として単純に過ぎる。政策形成においては政治的側面も関わってくる一方、政策の有効性は民間部門の期待や行動動機などによっても左右される。このため近年は、政策過程ないし政策の有効性確保に関する研究も多い。

（三）標準的な経済政策論には、二つの大きな問題を指摘できる。一つは、定量的に把握しやすい政策目標（効率性など）を中心に従来から議論がなされてきており、そうでない政策目標（社会の安定性、美徳、文化的価値、公平性など）はともすれば除外する傾向があったことである。もう一つは、政策の運営主体として政府を前提する場合が多く、ＮＰＯ（非営利組織）・ＮＧＯ（非政府組織）など従来の二分法では明確に位置づけられない各種「中間組織」の役割がほとんど扱われていなかったことである。

（四）政策目標が二つ（例えば効率性と自由）の場合には適切な政策を選択することは比較的やさしいが、目標が三つ（例えば公平性を追加する場合）あるいはそれ以上の数になると、以前選択されなかった政策が新たに選択される可能性が生じる。

このような視点に立つならば、市場メカニズムを重視する主流派経済学（新古典派経済学）の論者が主張する政策論は修正する必要が出てくるケースが少なくない。このことを農業政策、企業政策、雇用・賃金政策を例にとって本文で示した。

（五）経済政策の運営主体としては、従来「市場か政府か」という二分法による理解がなされてきたが、近年は政府のほかＮＰＯやＮＧＯといった中間的組織あるいは協働体（広く捉えるとコミュニティ）の役割が実質的に重要になっている。これは理論的にも支持される。

（六）中間的組織の働きが重要になるに伴い、経済政策が対象とすることがらや対応方法に関しても新しい概念ないし対応方法が多数登場している。共有資源、社会関係資本（social capital）などが政策対象として脚光を浴びているほか、政策運営主体間の協調である公民連携、従来の行動範囲の拡大である企業の社会的責任（ＣＳＲ）論など、社会問題の解決において政府以外の主体が従来にない方法で関与する場面が増えている。

（七）経済政策論においては、従来の単純な二分法を超える行動主体を重視する必要が高まっているほか、ガバナンス、制度といった新しい概念を軸とした研究、あるいはそれらを基本的性格とする総合政策学の発展が期待される。

（明治学院大学『国際学研究』第三九号、二〇一一年三月）

＊本章は、著者がかつて慶應義塾大学で行った講義「経済政策分析」（大学院・学部共通科目）を基礎とし、それを発展させた研究を主たる内容としている。また、本稿には二〇一〇年七月に東洋大学大学院経済学研究科の講義で提示した内容も一部含んでいる。その講義機会を与えてくださった林原行雄氏（東洋大学大学院客員教授）に感謝したい。また『国際学研究』への掲載に際しては、複数の匿名査読者から有益な指摘をいただき改善できた箇所がある。併せて謝意を表したい。

註

（1）この二つのことは論理的に同じことを意味しており、線形計画法において双対定理と呼ばれる。詳細は、岡部（二〇〇七：第一〇章付論一〇－二）を参照。

（2）以下の示し方は丸尾（一九九三：三八ページ）に依拠している。

（3）マクロ分析においても、ミクロ経済学の一つのモデル、すなわち経済主体は現在ならびに将来を考慮に入れて合理的な行動をするという発想で構築された通時的一般均衡（intertemporal general-equilibrium）モデルを用いることによって、短期的変動と長期的成長が一つの整合的な枠組みで分析されるようになっている（ウッドフォード 二〇〇九）。

（4）一定の事態が発生した後においては、当初最も望ましかった選択肢とは異なる選択肢が明らかに最も望ましいものとなること。例えば、工場誘致のため政府が減税措置を行うと約束した場合、現実に工場が完成した後では、その目的を達成したので減税措置を撤回すること（財政支出をしないこと）が最適な政策になる。

（5）金融庁による銀行検査においては、経営状態の良い銀行は検査周期を長くするとともに、検査項目を簡略化するなどの方針を打ち出している（金融庁「金融検査評定制度施行後における検査について」二〇〇六年一二月二六日）。検査を受けることは銀行にとって大きな負担なので銀行はそれを減らそうとする（私的利益）が、それが銀行の健全経営ひいては銀行システムの安定性（社会的利益）につながるので、この政策は動機整合性（incentive compatibility）がある、といえる。

（6）公共政策論におけるこのような前提は、イギリスの経済学者ケインズの生誕地の街路名にちなんで「ハーベイロードの前提」（presuppositions of Harvey Road）といわれることがある（ブキャナン＝ワグナー 一九九六、二五二ページ。浅子 二〇〇〇、六二ページ）。

（7）公共財とは、非排除性（特定の人にその財を利用させないようにすることが技術的・物理的にできない性質）および非競合性（その財を誰かが使えば他の人は使えなくなるという状況は生じない性質）という二つの条件を充たす財であり、市場による供給は不可能とされている。その例として国防、治安、法制などのほか、従来から灯台が好例とされてきた。ただ、英国の灯台は、歴史的に見ると政府によってではなく民間主体によって設立され、所有され、そして管理・運営されてきたのが事実であるので経済学者は安易に灯台の例を出すべきではない、という興味深い主張（コース 一九七四）がある。

（8）協働体とは（一）公共性（組織の目的が開かれた公共善、公正、社会正義の追求にあること）、（二）非暴力性（目的達成の手段が平和的であること）、（三）文脈依存性（変化に対応する姿勢を持ち自己変容を繰り返すこと）を持つ組織であり、市場や政府といった強い普遍主義に対応する組織であるとする見解（田島 二〇〇九）が最近提示されている。非営利組織のガバナンスや行動は今後研究が期待される領域であるが、貴重な研究としてグレーザー（二〇〇三）がある。

(9) 関連する邦文文献としては宮川・大守（二〇〇四）があり、また多くの関連論文を集めた書物としてオストロム＝アーン（二〇〇三）、カスティグリオーネ他（二〇〇八）、スベンゼン他（二〇〇九）がある。

(10) 岡部（二〇〇六a、二九ページ）。

(11) 制度とは、国家・社会・団体などを運営していくうえで定められた規則、手続き、仕組みのこと。法律・判例・契約・各種規定など形式が整った公式のものだけでなく、慣行・規範・タブー・伝統など非公式のものも含む（岡部二〇〇六a、二〇ページ）。

(12) 二〇〇九年度のノーベル経済学賞が「ガバナンス」の研究者二名（オストロム二〇一〇、ウイリアムソン二〇一〇）に対して授与されたのは、こうした中間領域の現実的ならびに理論的な重要性が認識されたことを意味するものであり、たいへん好ましいことである。

(13) 総合政策学の詳細は、岡部（二〇〇六a、二〇〇六b）を参照。その重要な性格の一つは、最近の研究成果を援用すれば「多様性の論理」（複数の学問領域からの理解、問題解決に関与する主体ないし解決方法の多様性に基づく強さ）（イオアニデス二〇一〇）であるといえる。

(14) 総合政策学という学問を体系化することも大きな課題である。著者の構想はかつて岡部（二〇〇九a）において「付論三　総合政策学の理論化（試案）」として提示した。

二　為替相場の変動と貿易収支
——マーシャル＝ラーナー条件の一般化とJ－カーブ効果の統合——

概　要

為替相場の変動が貿易収支を所期の方向に変化させるには、輸出入の価格弾力性が一定の条件（マーシャル＝ラーナー条件）を満たす必要があることが従来から知られている。しかし、その条件は比較的強い前提があって初めて適用可能なものであるにもかかわらず、従来の研究や政策論議ではその点に十分な配慮がなされていない。本稿では、より一般的な環境を前提にしたモデルを設定してその問題を分析した。その結果（一）従来のマーシャル＝ラーナー条件を一つの特殊ケースとして含む一般化されたマーシャル＝ラーナー条件（一三五ページの表一）を理論的に導出できること、（二）短期的には長期的効果と逆の効果を持つ現象（いわゆるJ－カーブ効果）もこのモデルによって導出できること、を示した。そしてそれらの結果は（三）日本のかつての円高局面の現実を整合的に説明できること、（四）政策的にも意義深いこと（国際収支は自国通貨建てで表示するのが適当である）、などを主張した。

はじめに

かつて日本の一九八〇年代がそうであったように、一国の貿易収支[1]の黒字が大きな国際的な問題となる時には「為替相場の切り上げによってそれに対応すべきである」という議論がなされる場合が多い。現に中国の貿易黒字が急拡大していることに対して、そうした議論が米国や国際機関から現在根強くなされている[2]。

そうした為替相場政策（通貨切り上げ）が所与の目的（黒字幅減少）を達成するには、基本的に為替切り上げによって当該国の輸出減少ならびに輸入増加が「十分に」生じるかどうかによる。それらの変化が十分に生じるかどうかという問題は、為替相場の変動に伴う輸出入品の価格変化に対して当該国の輸出ならびに輸入がどの程度感応的であるかという問題、つまり輸出入の価格弾力性の程度の問題に帰着する。これを厳密にいえば「輸入の価格弾力性と輸出の価格弾力性の和が1より大きい」という条件として表現でき、これは為替相場の変動が貿易収支に所期の変化をもたらすためのマーシャル＝ラーナー条件（Marshall-Lerner condition。以下ＭＬ条件と記載）として従来から知られている(3)。

しかし、比較的単純でしかも美しいかたちで表現されるこの条件が成立するのは、実は相当限定的な環境を前提とした場合に限られるものである。従来の理論研究や政策判断においては、このことが十分に考慮されているとは言い難い。

そこで本稿では、従来ＭＬ条件がどのような理論モデルにおいて導出され、そして適用されてきたかを批判的に検討するとともに、一般性がより大きい環境を前提としたケースを理論的に分析する。そして従来のＭＬ条件を一つの特殊ケースとして含む一般化されたＭＬ条件を導出する。またその分析枠組みによれば、為替相場の変動が長期的に貿易収支に所期の影響（為替増価は貿易収支の黒字縮小ないし赤字化をもたらす一方、為替減価は貿易収支の赤字縮小ないし黒字化をもたらすこと）を与える条件を従来よりも一般的なかたちで明らかにできるだけでなく、短期的には逆効果ともいえる現象が発生すること（いわゆるＪ－カーブ効果）も同時に提示できることを示す。

以下、第一節「マーシャル＝ラーナー条件の導出――二つの分析枠組み」では、ＭＬ条件は単に為替相場変動の効果に関する条件としてだけではなく、国際経済学の基本的な枠組みを議論する場合にも重要な安定条件として導出されるものであったことを示す。第二節「従来の研究の問題点――四項目」では、従来の研究がＭＬ条件を導出する場合に内包していた問題点を指摘する。第三節「一般化されたマーシャル＝ラーナー条件の導出とＪ－カーブ効果の統合」では、一般性の高い環境を前提とした場合、為替相場の変動が長期的に貿易収支に所期の影響をもたらすための条件を「一般化されたＭＬ条件」として厳密に導出するとともに、その分析枠組みからＪ－カーブ効果も導出できることを示す。第四節「実証分析（一）プラザ合意以降の大幅円高化と貿易収支」では、急激かつ記録的な円高化を見た一九八五～一九八六年を取り上げ、そこでの円相場と貿易収支の関係を詳細に論じる。第五節「実証分析（二）為替相場変動の貿易収支調整効果」では、日本の輸出入の価格弾力性に関するこれまでの代表的な実証分析を検討し、貿易収支の調整にとって要請される一般化されたＭＬ条件が短期的および長期的に満たされていたかどうかを議論する。第六節「若干の政策的含意」では、日本の国際収支の通貨表示のあり方を議論する。第七節では本稿の結論を要約する。

一 マーシャル＝ラーナー条件の導出――二つの分析枠組み

これまでの研究例をやや丹念に点検すると、「ML条件」という言葉、あるいは「輸入の価格弾力性と輸出の価格弾力性の和が1より大きい」という条件ないし命題は、実は為替相場の変動に関してだけではなく国際経済学ではそれ以外の場合にも登場する。しかも、この二つを同一視できる場合もあれば、必ずしもそうでない場合（この場合にはML条件以外の呼称が用いられることもある）もある。

ただ、いずれの場合でも、最終的に「輸入の価格弾力性と輸出の価格弾力性の和が1より大きい」という条件が重要な最終命題になっている点は共通している。つまり従来の諸研究を整理すると、この命題は大別して二つの異なる（しかし関連を持つ）視点に立った分析から導出されている、ということができる。

第一は、商品の貿易だけに着目してこの条件を導出するケースである。この場合には二種類の分析が見られる。まず貿易財の価格（共通価値尺度で測った価格）だけに着目し、貿易商品の市場均衡が安定的であるための条件としてこの命題を導出するケースが挙げられる(4)。これは実物経済だけのモデルであり、為替相場は登場しない。これに対して、為替相場の変動とそれによる貿易財価格の変動を考慮してこの命題を導出するケース[5]もある。これは為替相場の変動と貿易収支の関係に着目したものであり、貿易面だけに着目する分析であるが最も一般的な問題意識を反映した接近方法である。為替相場を考慮するかどうかを問わず、これらいずれの場合とも「輸入の価格弾力性と輸出の価格弾力性の和が1より大きい」という条件が導かれている。

第二は、商品の貿易だけでなく、より一般的な経済変数も導入した分析を通してこの条件を導出するケースである。これには幾つかの視点がある。まず輸出入品とそれらの価格のほか、為替相場、交易条件なども考慮に入れて分析するケース（ドーンブッシュ 一九七五、ブルース＝パービス 一九八五）、各国の所得水準や政府部門なども考慮に入れるケース（ケネン 一九八五b）、あるいは為替市場の需給均衡を輸出入に関連づけて分析するケース（小宮・天野 一九七二、三一〇-三二〇ページ）、などである。

これらの分析では、為替相場の変動が貿易収支を所期の方向に動かす条件、すなわち為替減価が貿易収支を改善する条件[6]として、自国および貿易相手国の輸出入の価格弾力性をやや複雑なかたちで含む条件式がまず導出される。この条件式は、いずれの分析においても本質的に同じものであるが、その名称は、ビッカーダイク＝ロビンソン＝メッツラー（Bickerdike-Robinson-Metzler）条件式[7]、ロビンソン＝メッツラー＝ビッカーダイク（Robinson-Metzler-Bickerdike）方程式[8]、マーシャル＝ラーナー＝ロビンソン（Marshall-Lerner-Robinson）条件[9]、メッツラーの安定条件[10]、一般化されたマーシャル＝ラーナー条件[11]など、様々に呼ばれている。そして、その特別の場合（自国ならびに貿易相手国における輸出の価格弾力性が無限大である場合）には、この条件式が「輸入の価格弾力性と輸出の価格弾力性の和が1より大きい」という簡単な条件に帰着することが示され、後者がＭＬ条件という単一の名称で呼ばれるとされている。

ここで興味深いのは、上記二つのいずれの分析枠組みによるにしても、究極的にはＭＬ条件が導出される点である。このことは、国際経済の円滑な作動において同条件が基本的に重要な前提条件であること（同条件は単に貿易面に限らず国際経済全体の調整メカニズムないし安定性維持にとって深い意味を持つこと[12]）を示唆している。つまり一般的にいえば、国内外の金融変数ないし為替相場の変動、あるいは輸出入価格の変動が輸出入を十分大きな規模で変動させる必要があること（需要の価格弾力性が十分に大きいこと）、それが国際経済の安定条件であるということになろう。現に、国際収支の金融面から見た安定性（微分方程式体系で表した調整メカニズム）は、実物面から見た貿易均衡の安定性に対応していることを示すことができる、という主張もなされている。[13]

二　従来の研究の問題点――四項目

以上、ＭＬ条件は様々な方法で導出できることを見たが、実はこの条件はどのような事態においても適用できるというわけでない。為替相場の変動が貿易収支に所期の効果を持つための条件としてこれを理解する場合には、実は重要な制約条件があるが、多くの研究においてこのことへの言及がなされていない点に大きな問題がある。

そうしたなかで、その条件を明確に述べている幾つかのケースがあるので、それを一瞥しておこう。まずケネン（一九八五ａ、三二七ページ）は、ＭＬ条件が成立するのは（一）当初時点で貿易収支が均衡している、（二）自国財の価格および貿易相手国の財の価格がともに一定である、（三）所得水準は（為替相場の変動があっても）一定である、という三つの制約のもとに初めて成立する命題であることを強調している。また、クルーグマン＝オブズフェルド（一九九六）は（一）当初時点で貿易収支が均衡していることが前提条件であること、（二）もし当初時点の貿易収支が不均衡であるならばこの条件はもっと複雑なものになること、を指摘している（ただしそれがどのようなかたちの条件なのかは具体的に示していない）。

実は、為替相場の貿易収支調整機能を考える場合、以上二つの例が示唆するとおり、単純にＭＬ条件を適用する（輸出入の価格弾力性を何らかの方法で計測してその和を求める）ということで十分ではなく、上記の制約条件をどう考慮に入れるかが決定的に重要である。つまり従来の大半の研究は、次の四つの面において問題があった。

当初の貿易収支状況に対する配慮欠如

第一に、為替相場の変動によって貿易収支を調整することが問題となるのは、そもそも実際に貿易収支が不均衡（赤字または黒字）に陥っているからこそそれを為替相場の変動によって均衡させよう（赤字または黒字を減少させよう）という事態にあるにもかかわらず、そうした問題設定になっていないことである。当初時点で貿易収支が均衡しているならば、政策の観点に立つ限り為替相場の変動を問題にする必要はない[14]。これはケネン（一九八五ａ）が指摘した上記（一）の問題である。

現に従来、貿易収支赤字に陥った多くの国が自国通貨の切り下げによってそれに対応するかどうかが為替相場政策のうえで大きな問題とされてきた。とくに日本の一九八〇年代においては（それとは逆に）貿易黒字の拡大傾向を円相場の上昇によって対応すべきであるという議論が国内外からなされたが、それは当初時点において貿易収支が不均衡であるからこそ発生した政策論であり、現にその対応がなされたわけである（一九八五年のプラザ合意によるドル高是正、日本円にとっては円高化措置の実施。一四〇ページの図一を参照）。さらに近年の中国の通貨である元を市場実勢に任せて増価させるべしという見解（注二を参照）も、中国の貿易収支がバランスしているのではなく大幅黒字を記録しているからこそ出てくる議論である。つまり、当初時点で貿易収支が不均衡に陥っている場合、単純にＭＬ条件を適用して判断することでよいのか、それとも別の条件を適用する必要があるのか、を明らかにする必要がある。

貿易収支の表示通貨に対する配慮欠如

第二に、貿易収支の均衡あるいは不均衡を自国通貨で表示するか、それとも貿易相手国（外国）通貨で表示するかによって評価に大きな差異が発生することが考慮されていないことである。これまでの理論研究においては、貿易収支を自国通貨で表示するか、それとも外国通貨で表示するかという点にあまり大きな注意が払われてこなかったように見える。

例えばケネン（一九八五ａ）が提示したモデルでは、貿易収支は自国通貨表示の場合が扱われている。欧米の研究者にとっては、多くの場合、ドルやポンドが自国通貨であり、またそれらの通貨は国際通貨の位置を占めているので、国際収支を自国通貨建てで捉えることが（他国通貨建てで捉えるよりも）自然であった、といえるかもしれない。しかし、為替相場の貿易収支調整効果を見る場合、貿易収支をどの通貨で表示するかによって調整効果の評価は（後述するとおり）相当異なったものとなる。従来の研究では、この点に対する配慮が欠落していた点に問題がある。

長期的効果と短期的効果の同時導出という視点の欠如

第三に、従来の研究では為替相場変動による貿易収支の最終的な調整効果（長期的効果）だけを理論的に導出しており、短期的には逆効果を持つこと（いわゆるＪ－カーブ効果）を同一理論モデルから導いていないことである。

為替相場が減価する（切り下げる）場合、当初は貿易収支が赤字化し（あるいは赤字幅が拡大し）、しばらく経ってから収支が均衡する（あるいは赤字幅が縮小する）という現象が多くの国で経験的に見られた。この現象は、一つのグラフ（横軸に時間の経過をとり縦軸に貿易収支をとったグラフ）に書いて表すとJの字の上部を右側に幾分倒したかたちに似ていることから、為替相場切り下げに伴うJ－カーブ効果と称されている[15]。

ところがこれまでのML条件を導出する分析においては、短期的にこの逆効果（J－カーブ効果）が発現することを示す分析は、著者の知る限りでは全く存在しない。長期効果は理論的に導出できても、短期効果は単に計量分析の結果として存在するかどうかを問う、というのがこれまでの研究の流れであった。しかし、理論的には、長期的効果と短期的効果を同一の理論枠組みを用いて導出することが望ましい。このことはいうまでもない。

為替相場変動に伴う輸出価格の交渉を無視

第四に、為替相場が変動する時、輸出業者は為替相場の変動を直接反映する部分以外に輸出価格を主体的に変動させる場合が現実には多いにもかかわらず、それが考慮されていないことである。

すなわち、ML条件は自国財の価格および貿易相手国の財の価格がともに一定である、という制約のもとに初めて成立する（ケネン（一九八五ａ）における上記（二）の指摘）

にもかかわらず、輸出業者の行動を考慮すると、現実にはそうした受動的な前提で考えるのは適当でないわけである。より具体的にいえば、日本円はここ四〇年間傾向的に増価してきたが、円相場が大きく上昇する局面では、日本の輸出産業は円での手取り減少を回避するため輸出品のドル建て価格を引き上げる行動を採ってきた。いわゆる「円高調整値上げ」といわれる対応であり、円高率の六〇〜七〇％に相当する値上げを図っている[16]。輸出産業におけるこの対応がどの程度のものか（円高分のドル建て価格転嫁率）によって、円高の貿易収支に対する効果は当然異なったものとなる。

以上をまとめると、為替相場の変動が所期の貿易収支調整効果を持つかどうかは、通常のＭＬ条件を満たすかどうかによって判断することはできないことがわかる。なぜなら、通常のＭＬ条件は（ａ）当初の貿易収支が均衡していることを前提としている（しかし現実には大幅黒字などが問題となっている）、（ｂ）貿易収支を自国通貨あるいは外国通貨（例えば米ドル）のいずれで表示するかによって異なる判断になるにもかかわらずそれが考慮されていない、（ｃ）為替相場変動を契機とする輸出価格の主体的交渉（円高調整値上げなどの輸出企業の行動）が考慮されていない、などの事情があるからである[17]。

次節では、これら三つの問題を克服する一つのモデルを提示して分析する。なお、ケネン（一九八五a）が指摘した前記（三）の点、すなわち所得水準は為替相場変動があっても一定である、という前提はそのままにしておく。為替相場が変動する場合、確かに輸出入数量等の変化を通じて所得も変動することになる。しかし、それをも取り込もうとすれば一般均衡分析の枠組みが必要になり、本稿の焦点から外れてしまうからである。

三　一般化されたマーシャル＝ラーナー条件の導出とＪ－カーブ効果の統合

本節では、上記三つの問題点を克服するため（a）当初の貿易収支が均衡しているか均衡していないかを問わない一般的な状況を前提する、（b）貿易収支を自国通貨（便宜上円とする）建てで表示するケースと外国通貨（便宜上米ドルとする）建てで表示するケースの二つを区別して考察する、（c）為替相場変動を契機とする輸出価格の主体的交渉（円高調整値上げなどの輸出企業の行動）を考慮する、という三点で従来よりも一般的な状況を前提する。そしてその場合、為替相場の変動による貿易収支調整効果の条件がどのようなものとなるのか、を明らかにする。換言すれば「一般化されたＭＬ条件」を導出することである[18]。

なお、以下の分析は、相当早い時期に著者（岡部）が執筆した論文（日本銀行金融研究所 一九八六、非公表論文）で行ったものを本稿において初めて公表するものである。当初の分析の結論（後掲表一として整理される一般化されたML条件）だけは当時、日本金融学会の一九八六年度秋季大会で発表し、その後同学会の機関誌において氏名入り論文（岡部 一九八八、同論文の一四一ページ脚注四）として公表した。しかし、その後現在に至るも以下のような一般化された分析は未だ見あたらないので、本稿でそのモデルと命題の証明プロセスを明らかにすることにしたものである。

ここでは、具体的に円高が名目貿易収支にどのような影響を与えるかという問題を取り上げる（為替相場変動の貿易収支への影響をこのように取り扱うとしても何ら一般性を失うことはない）。そこにおいては、円ベース収支で見る場合とドルベース収支で見る場合を分け、それぞれについて短期の場合、長期の場合を分析する。モデルにおける記号の意味は次のとおりである。

B　日本の貿易収支（円）

C　日本の貿易収支（ドル）
p　日本製品の価格（円）
p^*　外国製品の価格（ドル）（一定）
M　日本の輸入量
X　日本の輸出量
π　円相場（円／ドル）
α　日本製品に対する外国需要の価格（ドルベース）弾力性
β　外国製品に対する日本の輸入需要の価格（円ベース）弾力性
ε　円相場の変動に対する日本製品の輸出価格（円ベース）感応度。
（$1-\varepsilon$ は円高化した場合の輸出品価格への転嫁率。$0 \leqq \varepsilon \leqq 1$）

ここで、外国製品の価格 p^*（ドル）を一定としたのは、日本の輸入品は従来、原油や鉄鉱石など素原材料が多く、それらのドル建て価格は国際商品市場において世界的な需給状況を反映して決定される度合いが大きいこと（日本は price-taker であること）を考慮したものである。また日本製品の輸出価格 p（円）が（円相場の動向によって）変動し得るとしたのは、日本製品は従来から品質が良いとされているので、そのドル建て輸出価格設定に際して日本の輸出企業がある程度交渉力を持っていることを考慮したものである。つまり、このモデルでは、日本の実情を考慮し、日本の輸入価格と輸出価格には非対称性が見られることを前提しているわけである。

(二) 円高と貿易収支——円ベース

日本にとっての輸入価格（円換算）は πp^{*}（円）、また外国にとっての輸入価格（ドル換算）は p/π（ドル）であるから、日本の貿易収支（円ベース）は次式で与えられる。

$$B = p \cdot X\left(\frac{p}{\pi}\right) - \pi p^{*} \cdot M(\pi p^{*}) \qquad (1)$$

為替相場が変化する時、その貿易収支への影響を見るには、貿易収支 B を円相場 π で微分し、適宜変形することにより（計算は相当複雑であるが）最終的には次の(2)式を得ることができる。

$$\frac{dB}{d\pi} = p \cdot \frac{dX}{d(p/\pi)} \cdot \left(\frac{1}{\pi}\frac{dp}{d\pi} - \frac{p}{\pi^2}\right) + \frac{dp}{d\pi} \cdot X - p^* \left\{\pi p^* \cdot \frac{dM}{d(\pi p^*)} + M\right\}$$

$$= (p/\pi) \cdot X \cdot \Big(1 - \underbrace{\frac{dp}{p} \Big/ \frac{d\pi}{\pi}}_{\varepsilon}\Big) \cdot \Big\{ \underbrace{- \frac{dX}{X} \Big/ \frac{d(p/\pi)}{p/\pi}}_{\alpha} \Big\}$$

$$+ (p/\pi) \cdot X \cdot \Big(\underbrace{\frac{dp}{p} \Big/ \frac{d\pi}{\pi}}_{\varepsilon}\Big) + p^* M \Big\{ \underbrace{- \frac{dM}{M} \Big/ \frac{d(\pi p^*)}{\pi p^*}}_{\beta} - 1 \Big\}$$

$$= (p/\pi) \cdot X \cdot \left\{(1-\varepsilon)\,\alpha + \varepsilon - \frac{p^* M}{(p/\pi)X}(1-\beta)\right\} \qquad (2)$$

円高の短期的な効果

為替相場が変動しても、ごく短期的には輸出入の需要の価格弾力性は小さい（$\alpha \to 0$, $\beta \to 0$）ので、上記(2)式は次の(3)式のようになる。

$$\left.\frac{dB}{d\pi}\right|_{\substack{\alpha\to 0\\ \beta\to 0}} = -(p/\pi)\cdot X\cdot\left\{\frac{p^{*}M}{(p/\pi)X} + (1-\varepsilon) - 1\right\} \qquad (3)$$

すなわち、輸入額対輸出額比率と円高分の輸出価格転嫁率の和が一以上になる限り、[19] (3)式の右辺はマイナスになるので、円高（$d\pi<0$）は短期的には貿易収支を黒字化（$dB>0$）させる。つまり為替相場の変動は、短期的には貿易収支の調整に対して逆効果、いわゆるJ-カーブ効果を持つ。

円高の長期的な効果

円高が円ベースの貿易収支を正常な方向に調整する（すなわち輸出入とも数量ベースで見た実質貿易収支の場合と同様に名目貿易収支でも黒字縮小に作用する）ための条件は$dB/d\pi>0$、すなわち上記(2)式において下記(4)の不等式が成立することである。

$$(1-\varepsilon)\alpha + \varepsilon - \frac{p^{*}M}{(p/\pi)X}(1-\beta) > 0 \qquad (4)$$

ここで、二つの場合を考えよう。一つは、当初時点で貿易収支が均衡していた場合である。すなわち、$p^{*}M = (p/\pi)X$とすると、(4)式は次のようになる。

$$\alpha + \beta + \varepsilon(1-\alpha) > 1 \qquad (5a)$$

ここで、さらに日本の輸出品の価格（円ベース）が一定である（$\varepsilon = 0$）とすれば、

$$\alpha + \beta > 1 \qquad \text{（ML条件）} \qquad (5b)$$

が得られる。

もう一つは、当初時点で貿易収支が黒字であった場合である。すなわち、$p^{*}M < (p/\pi)X$の場合には、輸出額の輸入額に対する相対的な大きさをm（ただし、$(p/\pi)X/p^{*}M = m$，$m > 1$）とすると、(4)式は下記(6a)のようになる。

$$m\{\alpha+\varepsilon(1-\alpha)\}+\beta>1 \qquad (6a)$$

ここでさらに$\varepsilon=0$とした場合には単純化されて下記(6b)式のようになる。

$$m\alpha+\beta>1 \qquad (6b)$$

いま、$m=1+u\quad(u>0)$とおくと

$$\alpha+\beta>1-u\alpha \qquad (7)$$

すなわち、この場合には、二つの価格弾力性の和が仮に1より小さい場合であっても、貿易収支調整の条件を満たすことがあり得ることがわかる。

(二) 円高と貿易収支——ドルベース

ドルベースで見た日本の貿易収支Cは次式で与えられる。

$$C = \frac{1}{\pi} \cdot B \qquad (1)'$$

したがって、為替相場が変化（円高化）する場合、その貿易収支への影響は、貿易収支Cを円相場πで微分して次の(2)'式で示される。

$$\frac{dC}{d\pi} = \frac{1}{\pi} \cdot \frac{dB}{d\pi} - \frac{1}{\pi^2}B$$

$$= \frac{(p/\pi)X}{\pi}\left\{(1-\varepsilon)\alpha + \varepsilon + \frac{p^* M}{(p/\pi)X}\beta - 1\right\} \qquad (2)'$$

円高の短期的な効果

為替相場が変動しても、ごく短期的には輸出入の需要の価格弾力性は小さい（$\alpha \to 0$, $\beta \to 0$）ので、上記(2)'式は次の(3)'式のようになる。

$$\left.\frac{dC}{d\pi}\right|_{\substack{\alpha \to 0 \\ \beta \to 0}} = -\frac{(p/\pi)X(1-\varepsilon)}{\pi} < 0 \qquad (3)'$$

すなわち円高になると、ドルベース貿易収支も（円ベースの場合と同様）短期的には黒字が拡大する（J－カーブ効果）。

円高の長期的な効果

円高がドルベースの貿易収支を正常な方向に調整するための条件は(2)'式が正になること、$dC/d\pi > 0$、すなわち下記(4)'の不等式が成立することである。

$$(1-\varepsilon)\alpha + \varepsilon + \frac{p^{*}M}{(p/\pi)X}\beta - 1 > 0 \qquad (4)'$$

ここで、二つの場合を考えよう。一つは、当初時点で貿易収支が均衡していた場合である。すなわち、$p^{*}M = (p/\pi)X$とすると、(4)式は次のようになる。これは、貿易収支を円べースで見た場合と同じである。

$$\alpha + \beta + \varepsilon(1-\alpha) > 1 \qquad (5a)$$

ここで、さらに日本の輸出品の価格（円ベース）が一定である（$\varepsilon = 0$）とすれば、

$$\alpha + \beta > 1$$

が得られる。これは、円ベース貿易収支について見た場合の条件（前述の(5b)式で表されるＭＬ条件）と全く同一である。

もう一つの場合は、当初時点で貿易収支が黒字であった場合である。再び、$(p/\pi)X/p^{*}M = m \quad (m > 1)$とおくと、(4)'式は下記(6a)'式のように書ける。

$$\alpha + (1/m)\beta + \varepsilon(1-\alpha) > 1 \qquad (6a)'$$

ここでさらに$\varepsilon = 0$とした場合には下記(6b)'式のようになる。

$$\alpha + (1/m)\beta > 1 \qquad (6b)'$$

いま、$1/m=1-v$ $(v>0)$とおくと下記の式を得る。

$$\alpha+\beta>1+v\beta \qquad (7)'$$

(三) 円高と貿易収支――円ベースとドルベースの対比

以上で円ベース、ドルベースそれぞれの場合の条件を導出したので、次に両方の条件を対比してみよう。このため、上記の分析結果を整理すると表一のようになる（$\varepsilon=0$の場合）。但しm＝輸出額対輸入額の比率（日本の場合は継続的に$m>1$）である。

ここから明らかなように、一般的には（$m\neq1$であるから）下欄のようになる。そしてML条件が該当するのは、$m=1$という特殊ケースの場合に限ることがわかる。これが大きな結論である。一般化した結果であるにもかかわらず比較的単純で美しい結果といえるのではなかろうか[20]。

まず、最も基本的な場合、すなわち円高によって貿易収支の黒字幅が縮小するまたは貿易収支が赤字化するための条件（または円安によって貿易収支の赤字幅が縮小するまたは貿易収支が黒字化するための条件）を対比しよう。

表1　マーシャル＝ラーナー条件とその一般化

	円ベース収支	ドルベース収支
当初貿易収支が均衡している場合	$\alpha + \beta > 1$	$\alpha + \beta > 1$
当初貿易収支が不均衡（赤字または黒字）の場合	$m\alpha + \beta > 1$	$\alpha + (1/m)\beta > 1$

（注）m＝輸出額対輸入額の比率。詳細は本文を参照。

当初貿易収支が不均衡ならばＭＬ条件とは異なる新条件が必要

この表が示すとおり、もし当初貿易収支が均衡していれば、為替変動による貿易収支の調整効果を規定する条件は、円ベースで見ても、ドルベースで見ても同一である（上記表一の上段）。

しかし、当初貿易収支が不均衡（赤字または黒字）である場合には、為替相場変動による貿易収支の調整効果を規定する条件は、円ベースで見るか、それともドルベースで見るかによって異なったものとなる（上記表一の下段）。

そして、当初時点で収支不均衡の場合（例えば従来の日本のように黒字の場合$m > 1$）には、円ベースで収支均衡化するための条件は、ドルベースでの収支均衡化条件よりも、緩やかである。つまり輸出入の価格弾性値が一定とした場合、円ベース収支で黒字縮小を達成するのは、ドルベースで黒字縮小を達成するよりも相対的に容易である。これは次のように示すことができる。

前述したとおり(6b)式は下記(7)式のように書くことができる（再掲。$u>0$）。

$$\alpha+\beta>1-u\alpha \qquad (7)$$

一方、(6b)'式は、すでに述べたように、$1/m=1-v$ $(v>0)$ とおくことによって下記(7)'の式のように書ける（再掲）。

$$\alpha+\beta>1+v\beta \qquad (7)'$$

この両式を比較すると、(7)式の右辺は1より小さいのに対して(7)'式の右辺は1より大きい。このため、もしα、βが同一の値であるならば、不等式(7)の方が不等式(7)'よりも相対的に満たされやすい。つまり円ベース収支の条件は、ドルベース収支の条件よりも緩やかである。換言すれば、ドルベース収支の調整条件は、円ベース収支のそれよりも厳しいものになる。

当初収支が赤字か黒字による条件の差異

次に、当初の貿易収支が不均衡の状態にある場合、当初収支が赤字である場合と当初収支が黒字である場合を比べると、為替相場変動による貿易収支の調整効果はどちらの場合がより厳しいものになるのであろうか。それは表一を縦に見て、円ベースの場合と、ドルベースの場合をそれぞれ検討する必要がある。

まず収支を円ベース（上記表一の左下方の不等式）で捉え、当初収支が赤字である場合（$m<1$）と黒字である場合（$m>1$）を対比しよう。すると左辺は、赤字の場合が黒字の場合よりも小さくなる。つまり、もしα、βが同一の値であるならば、当初収支が黒字の場合の方が赤字の場合よりもこの不等式（一般化ML条件）を満たしやすいことがわかる。

一方、収支をドルベース（上記表一の右下方の不等式）で捉え、同様に当初収支が赤字である場合（$m<1$）と黒字である場合（$m>1$）を対比しよう。すると左辺は（円ベースの場合とは逆に）赤字の場合の方が黒字の場合よりも大きくなる。つまり、もしα、βが同一の値であるならば、当初収支が赤字の場合の方が黒字の場合よりもこの不等式を満たしやすいことがわかる。

つまり、為替相場による貿易収支調整効果を判断する場合、当初収支が黒字の場合に調整効果が出やすいのか、それとも赤字の場合にそうなのかは、貿易収支を円ベースで考えるか、それともドルベースで考えるかによって異なるわけであり、一概にいえないことがわかる。(21)

四　実証分析（一）――プラザ合意以降の大幅円高化と貿易収支

以上の理論分析が現実にどのように妥当するかを検証するため、まず日本が経験した代表的な円高化局面とそこでの貿易収支の動向を顧みよう。

一九八五年九月のプラザ合意（米国の貿易赤字を減らすため先進五ヵ国がドル高是正に向けて協調して外国為替市場介入を行うという合意。「G5合意」とも称される）はその典型的な歴史的事例である。プラザ合意以降の一年間で円相場は、対米ドルで実に五割強の大幅増価（実効レートでも約四割の上昇）を示した。しかし、それにもかかわらずドルベースで見た日本の貿易収支の黒字は依然として拡大傾向を改めなかった。このため、為替相場の変動による貿易収支の調整機能が働いていないのではないか、という議論が巻き起こった。

プラザ合意以降の貿易収支動向

この時期における円相場と日本の貿易収支の動きをドル、円、数量の三つのベースについて表したのが図一である。これをもとにすれば、次のように考えることができる。

第一に、プラザ合意（一九八五年九月）以前においては、為替相場の変動が少ないため、貿易収支をいずれのベース（ドル、円、数量）で見てもほとんど差異がなく、傾向的に黒字が拡大している。しかし、プラザ合意以後の大幅な円高局面では、これら三つの動きに次のような大きな乖離が発生している。

すなわち、（a）ドルベースでは、黒字拡大傾向が加速、プラザ合意から一年経過後においても黒字縮小の兆しが見えなかったこと。（b）円ベースでは、しばらく黒字が拡大したあと一九八六年後半には縮小の兆しが見えたこと。（c）数量ベースでは、比較的早い段階から明確に黒字が縮小する傾向がうかがわれたこと。この三点である。

第二に、上記のような乖離が発生した原因を、数量ベースと円ベースの乖離、円ベースとドルベースの乖離にわけて考えると、以下のように理解できる。

まず数量ベースと円ベースの乖離は、いわゆるJ－カーブ効果（交易条件の好転）によるものである。つまり、円高が生じた場合、日本では輸出品の円単価は外貨建て価格の引

図1　貿易黒字幅の推移（1985年7～9月期平均＝100）

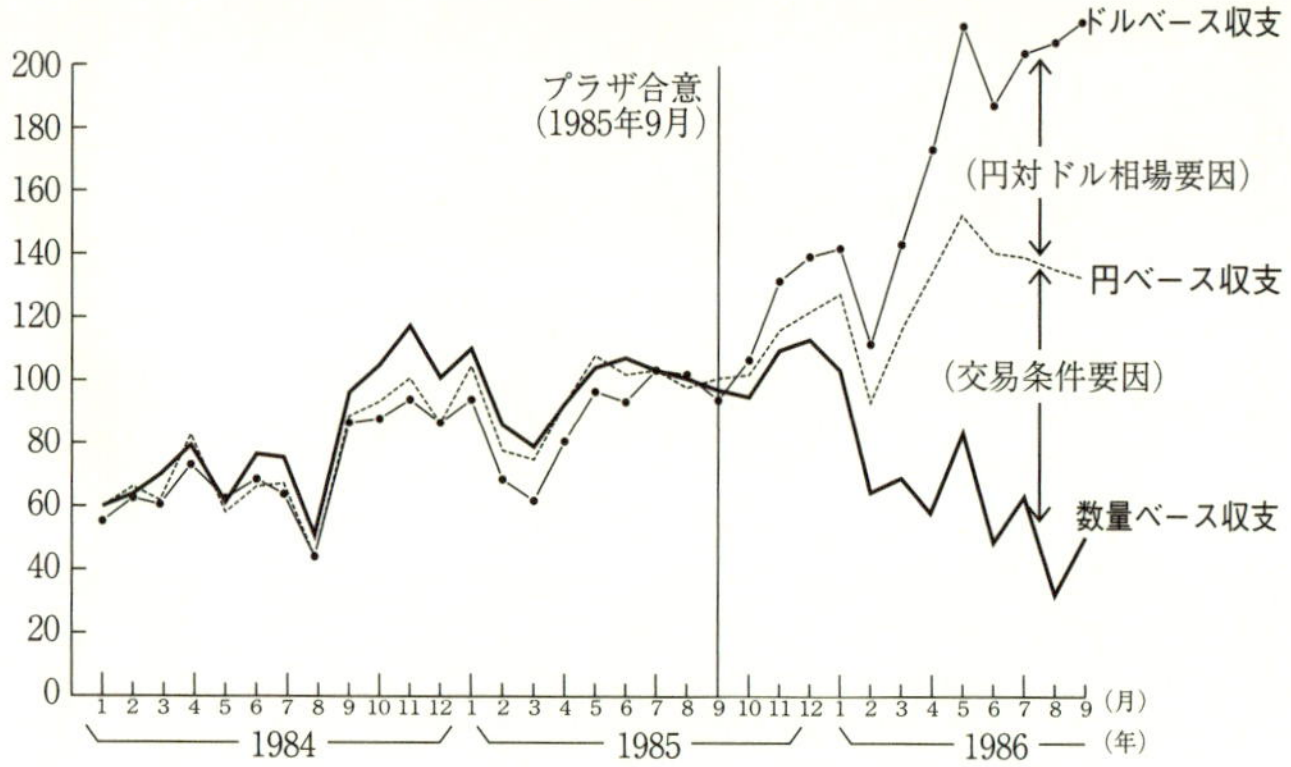

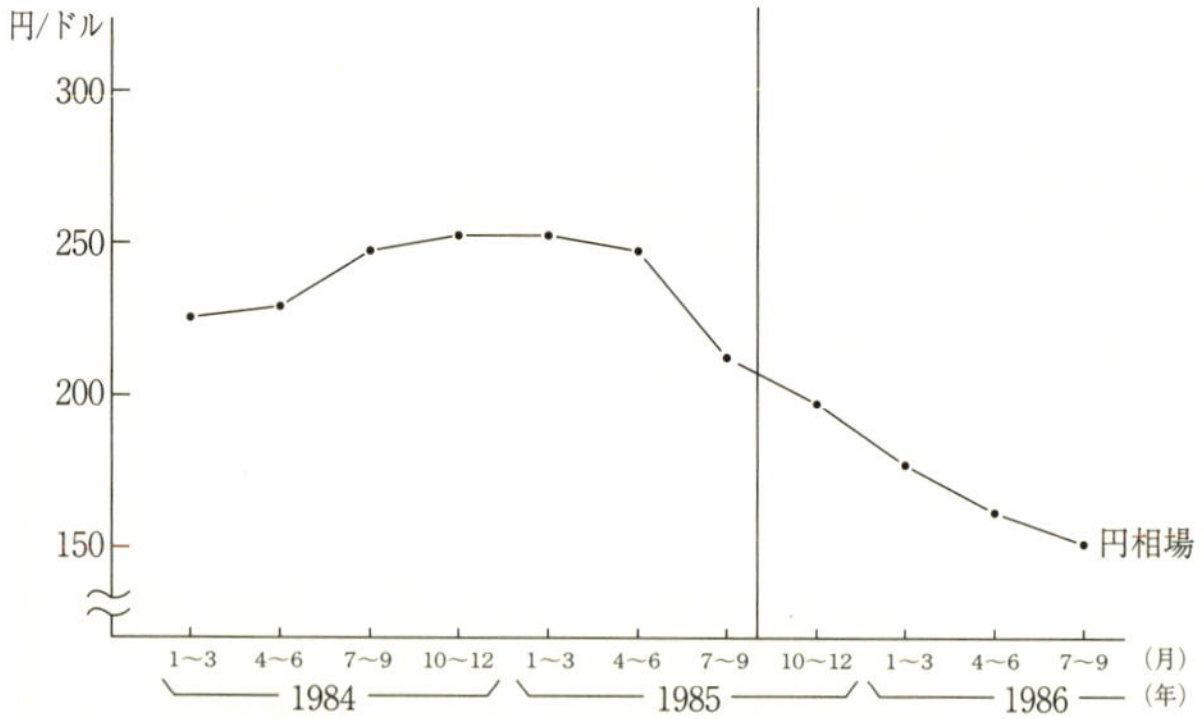

（注）１．貿易黒字は通関ベースの「輸出―輸入」。季節調整済み。
２．円相場は四半期末。
（出所）日本銀行調査統計局『経済統計月報』『経済統計年報』各号をもとに著者作成。

き上げにより円高率ほどには低下しない一方、輸入品の円単価はほぼ円高率だけ低下することから、交易条件（輸出物価と輸入物価の比率）が好転する。したがって、この分だけ数量ベースと円ベースは乖離し、円ベースの黒字の方が大きくなるわけである。

一方、円ベースとドルベースの乖離は、円対ドル相場の変動によるものである。すなわち、ドルベース収支は、円ベース収支とその時々の為替相場の変動が合成されたものであり、両者は為替相場変動分だけ乖離する筋合いにある。したがって、通常観察されるドルベース収支は、円ベース収支に円高分だけ上乗せになるため、円ベースの黒字がJ－カーブ効果のピークアウト（交易条件好転に伴う黒字増加を上回る数量ベースの黒字縮小）から縮小に転じたとしても、円高が進行している場合には、ドルベースの黒字は依然拡大を続けることがあり得る。この図の最後の部分（一九八六年七－九月期）はまさにそうした状況にあると理解できる。

名目貿易収支の決定要因

以上、貿易収支を把握するには三つのベースがあることを指摘するとともに、それらの間で乖離が生じる要因を見た。これをもとにドルベースおよび円ベースの名目収支を左右する要因を次のように整理することができる。

まずドルベースについては、(一)円対ドル相場の動向、(二)交易条件の動向、(三)輸出入価格変化の輸出入数量に対する影響(価格効果)、(四)内外所得変動の輸出入数量に対する影響(所得効果)、の四つの要因がある。

一方、円ベースについては、これらのうち(二)、(三)、(四)の三つが主要因であると考えることができる。このうち(四)は重要ではあるが、[22]それを分析するには別の枠組み(一般均衡分析)を必要とするのでここでは捨象する。すると、円高が円ベース収支に与える影響は(二)、(三)の二つに集約できる。

上記の理論分析においては、円高にともなう輸出企業の行動を、円高調整値上げないし円高の価格転嫁率(1−ε)というかたちで取り入れたので、それは従来のML条件の分析(要因(三)についての条件)に(二)の要因を考慮したものである。その点で、本稿の理論分析(第三節)は従来の分析を拡張したものといえる。

五　実証分析（二）――為替相場変動の貿易収支調整効果

ここでは、上記（二）の要因は無視し、本稿の理論分析が提示した一つの側面、すなわち従来のML条件の一般化（前掲表一に集約）だけを取り上げることとしたい。為替相場の変動が貿易収支調整効果を持つための条件は、従来ML条件として知られているが、それをより一般化したものが前掲表一である。ここでは、この理論的な結果を基礎として、円相場の変動が日本の貿易収支においてどの程度調整効果を発揮するのかを考察したい。

表二は、各種の実証分析から得られた日本の輸出入の価格弾力性の値を示すとともに、それらを一般化されたML条件（前掲表一）の形式に変換して整理したものである。この表から次のことがわかる。

短期的効果

まず短期的効果をみよう。すると、円ベース、ドルベースいずれで見ても、短期（半年）ではほとんどの計測例において弾力性の加重和は1を下回っている（表二の上半分を参照）。このことは、短期的に見た場合、日本の貿易収支は円高による黒字縮小の条件を

表２　日本の輸出入数量の価格弾力性の各種計測例と黒字縮少の条件

	日本銀行（調査統計局）	経済企画庁（経済白書）	経済企画庁（世界モデル）	通商産業省（通商白書）	植田和男氏（大阪大学）
短期弾力性・輸出（a）	0.3	0.2	0.3	0.3	0.7
短期弾力性・輸入（b）	0.1	0.1	0.2	0.2	0.3
円ベース　（1.4×a+b）	0.5	0.3	0.7	0.6	1.2*
ドルベース（a+0.7×b）	0.4	0.2	0.5	0.4	0.9
長期弾力性・輸出（a）	1.1	0.8	1.2	1.1	1.8
長期弾力性・輸入（b）	0.2	0.2	0.5	0.6	0.5
円ベース　（1.4×c+d）	1.7*	1.2*	2.2*	2.2*	3.0*
ドルベース（c+0.7×d）	1.2*	0.9	1.6*	1.5*	2.1*

（注）１．弾力性については、短期は半年間の値、長期は出尽くし値。
２．1985年７～９月期の輸出額対輸入額の比率は1.4（その逆数である輸入額対輸出額の比率は0.7）。
３．星印（*）は、為替相場の変動（円高化）が経常収支黒字縮小をもたらす条件を満たすことを意味。
（出所）岡部（1988）表１。

満たしておらず、貿易収支は円高によって黒字が縮小するどころかむしろ黒字が拡大すること（Ｊ－カーブ効果）を示唆している。

日本の貿易収支においてＪ－カーブ効果が存在するのかどうかについては、従来から各種の研究がある。本稿では日本の輸出入の価格弾力性をもとにその存在を確認した。その他にも、多様な手法（タイムラグ構造を前提とした輸出入関数の計測、誤差修正モデルの計測を踏まえたインパルス応答関数の計測など）によって研究がなされてきた。また世界各国については、輸出入構造の差異や計測手法のいかんを反映して様々な結果が報告されている。しかし日本に関する限り、J-カーブ効果が明瞭に検出される、という点でほとんどの研究結果は一致している（日本銀行調査統計局　一九八六b：図表一四、経済企画庁　一九九〇：第一-六-四図、クルーグマン＝オブズフェルド：一九九六、ゴールドスティン＝カーン　一九八五：一〇八九ページ、ノーランド一九八九、グプタカポール他　一九九九）。

長期的効果

次に長期的効果をみよう（表二の下半分を参照）。この場合は、短期的効果とは逆に、円ベース、ドルベースいずれで見てもほとんどの計測例において上記の加重和が1を超えており、円高は貿易黒字縮小をもたらすことが示唆されている。そしていま一つ注目すべき点は、円ベースに関する加重和の方がドルベースに関する加重和よりも大きくなっていることである。これは、円ベースの方が、黒字縮小のタイミングが早く、また黒字縮小幅も大きくなること（これは上記の理論分析の結果でもある）を意味している。

ML条件は、このように日本に関して成立しているほか、世界各国を対象とした諸研究においても、日本を含む大多数の国について成立している、との研究結果が多い（クルーグマン＝オブズフェルド：一九九六、ゴールドステイン＝カーン 一九八五：一〇七六－一〇七九ページ、バーマニオスキーア他 二〇〇五）。

現に、プラザ合意以降に見られた円の大幅な増価は、時間の経過とともに日本の貿易収支の黒字幅を明瞭に縮小させることとなった。確かに、前掲図一においては、急速な円高傾向となってからなお一年程度経過した時点までしか記載されていないため、円ベースで見た貿易収支の黒字はまだ縮小傾向が明確になっていない。しかし、その後は円高の効果が大きく作用して[23]貿易収支の黒字幅が大幅に縮小した[24]。

六 若干の政策的含意

最後に、以上の分析が持つ政策的含意に多少言及しておきたい。それは、公式統計の作成ならびに公表に関する問題であり、具体的には貿易収支ひいては国際収支は自国通貨建てで表示するのが望ましい、ということである。

一九八〇年代の日本では、国際収支はドルベースで公表され、また黒字問題もドルベースで議論されていた。しかし、ドルベース収支は、すでに議論したように円高によって

表３　主要国の国際収支統計の発表方法（1986年時点）

米ドル建て	自国通貨建て
・（米国） ・日本 ・中国 ・韓国 ・台湾	［欧米］ ・米国 ・カナダ ・イギリス ・フランス ・ドイツ ・イタリア
	［東南アジア］ ・フィリピン ・タイ ・マレーシア ・シンガポール ・インドネシア
	［大洋州］ ・オーストラリア ・ニュージーランド

（注）中国は、年次ベース（詳報）については元建て。

黒字評価額が増大するので、円高による貿易収支縮小効果を適切に（迅速に）表わすものとならない。したがって円ベースの方が適切な指標である。また、海外諸国では通常、一九八〇年代からすでに自国通貨建てで対外収支を公表していたこと（表三）からも、日本の国際収支は円ベースで公表し、円ベースで議論するのが妥当であった。

　さらに「対外収支の対ＧＤＰ比率」は、為替相場の影響に左右されず円ベースでもドルベースでも同じになるうえ、経済規模についての調整も行われる（国際比較も可能になる）ため、より適切な指標であった。

プラザ合意以降の円高化と貿易収支の動向を分析する場合、日本銀行（経済情勢判断を担当している調査統計局）は、本稿の図一で見たようなドルベース、円ベース、数量ベースの三つの収支動向を並行して活用し[25]、必要に応じて黒字幅の対ＧＤＰ比率（当時は対ＧＮＰ比率）で判断していた。それは妥当なことといえる。それと同時に、前出の日本銀行金融研究所（一九八六）論文における主張（国際収支の円表示化）が次第に支持された。このため、日本銀行が刊行する公式統計『経済統計月報』においても、一九八七年七月号以降、国際収支はドル表示に加え円表示も併記されるようになった。そして一九九六年三月号以降は円表示に一本化（ドル建て表示が廃止）され、現在に至っている。

七　結論

以上の分析の要点をまとめると下記のとおりである。

（一）　為替相場の変動が貿易収支を所期の方向に変化させるには、輸出入の価格弾力性が一定の条件（ＭＬ条件）を満たす必要があることが従来から知られているが、それは限定的な場合においてだけ適用可能である。従来の理論分析と政策論への応用においてはその点への配慮を欠いていた。

（二）従来のML条件の適用可能性が限られる理由は（a）当初の貿易収支が均衡していることを前提としている、（b）貿易収支を自国通貨あるいは外国通貨のいずれで表示するかによって異なる判断になるにもかかわらずそれが考慮されていない、（c）為替相場変動を契機とする輸出価格の主体的交渉（円高調整値上げなど輸出企業の行動）が考慮されていない、などの事情があるからである。

（三）本稿では、上記三つの点を考慮した一般的な環境を前提にしてその条件を導出した（表一に要約）。それは従来のML条件を一つの特殊ケースとして含むので「一般化されたML条件」ということができる。またそこでは、為替相場の変動が貿易収支に対して短期的に与える影響（期待される効果と逆方向のJ－カーブ効果）と長期的に与える影響を統一的な枠組みで扱うことができた。

（四）日本の場合、各種実証分析から得られた輸出入の価格弾力性を本稿で導出した一般化されたML条件に適用すると、円相場変動による貿易収支への影響は、短期的には逆効果（J－カーブ効果）を持つが、長期的には確かに貿易黒字を圧縮する効果を持つと判断できる。

（五）為替相場の変動が貿易収支に価格面から与える影響（例えば円高による貿易収支縮減効果）を判断するのは、ドル建ての貿易収支ではなく、自国通貨建ての貿易収支（あるいは貿易収支の対ＧＤＰ比率）の動向によるのが適当である。日本の国際収支統計は従来、米ドル建てで公表されていたが、一九八七年以降はドル表示と円表示が並記されるようになり、さらに一九九六年以降は円表示に一本化されている。これは望ましい改訂である。

（六）貿易収支の大幅黒字が問題になっている近年の中国では、貿易収支の公表と議論がドルベースで行われる場合が少なくないが、自国通貨（元）ベース、あるいは黒字幅の対ＧＤＰ比率によって判断するのが適切である。

（七）以上の分析は、為替相場の水準が外生的に与えられることを前提する一方、為替相場の変動が輸出入価格に直接与える影響（輸出業者の円高対応行動も含む）に限定してその貿易収支への影響を検討したもの（部分均衡分析の視点に立った分析）である。

（八）したがって為替相場の変動がもたらす輸出入以外への影響（輸出入価格変動に伴

う交易条件の変化あるいは輸出入産業の生産面への影響によって発生する所得の変動[26]、あるいはそれを起点とする為替相場への影響、さらにはそうした為替相場変動が輸出入に与える影響などの二次的な影響ないし経路は考慮されていない。本章の分析にはこうした制約があることを念頭におく必要があり、したがって今後はそうした側面をも取り込んだ分析（一般均衡分析）に発展させることが課題である。

（明治学院大学『国際学研究』第三九号、二〇一一年三月）

＊本稿を当初『国際学研究』に掲載するに際しては、複数の匿名の査読者から有益な指摘をいただき改善できた箇所がある。謝意を表したい。

註

（1）国際収支を扱う場合、貿易収支よりも経常収支で議論する方が一般性が高いが、両者は同じ傾向を示す場合が多いので本稿ではとくに断らない限り貿易収支を扱うことにする。

（2）米国財務省のガイトナー長官は「中国の為替相場によって生じた歪みは国際的に大きな障害となっている」と指摘、人民元が一層市場実勢に則した相場になるように求めている（二〇一〇年六月一〇日の上院財務委員会での証言。http://www.treas.gov/press/releases/tg740.htm）。また国際通貨基金（二〇一〇）も、二〇一〇年七月に中国の年次経済審査の結果を公表、数人の理事が引き続き「人民元は過小評価されている」と指摘するとともに、多くの理事が「輸出主導から内需主導に転換するうえで人民元の増価が望ましい」との見解を示したとしている。

（3）これは国際経済学の中級以上の教科書にはたいてい記載されており、また国際経済学の研究においても従来から一つの碇の位置を占めている。ちなみに、インターネット上の学術論文検索ソフトウエアである“Google Scholar”によって「Marshall-Lerner condition」という用語を含む論文や書籍を検索すると約二五六〇件あることがわかる。

（4）伊藤・大山（一九八五、三三－三六ページ）、若杉（二〇〇九、二四六－二四八ページ）、バグワティ他（一九九八、一四一ページ）、岩波現代経済学事典（七四五ページ）。

（5）クルーグマン＝オブズフェルド（一九九六）、有斐閣経済辞典（七四五ページ）、*The MIT*

（6）*Dictionary of Modern Economics*（第四版、二七〇ページ）、*The Economist Dictionary of Economics*（第四版、二四六ページ）。
（7）為替増価が貿易収支の黒字を縮小ないし赤字化する条件、といっても同じことである。
（8）ドーンブッシュ（一九七五、八六七ページ）。
（9）ブルース＝パービス（一九八五、八一三ページ）。
（10）ケネン（一九八五b、六四三ページ）。
（11）小宮・天野（一九七二、三一九ページ）。
（12）ローズ（一九九一、三〇四ページ）。
（13）このことは、例えば経済の一般均衡分析において「価格が上昇する商品の需要は減少する一方、価格が低下する商品の需要は増加すること」が経済安定性の条件であるという命題（根岸一九五八）と類似している。
（14）フレンケル＝ムッサ（一九八五、七〇九ページ）によれば、計算過程はかなり複雑になるがこれを証明できるとしている（ただしその計算過程は明示されていない）。
（15）ただし、何らかの事情で貿易が不均衡に陥った場合、それが為替相場の変動を通して復元するかどうかという問題（均衡の安定性の問題）は、むろん理論的課題としては存在する。
（16）為替相場が増価する（切り上げる）場合には、逆に、当初は貿易収支が黒字化し（あるいは黒字幅が拡大し）、しばらく経ってから収支が均衡する（あるいは黒字幅が縮小する）。

このためこのケースは「逆J-カーブ効果」と称されることもある。

(16) 円高局面ではドル建て輸出価格が左記のとおり引き上げられている（銀行調査統計局 一九八六a、一六ページ）。単位％。「前回」円高局面は一九七七年一月→一九七八年一〇月、「今回」は一九八五年九月→一九八六年四月。

	前回	今回
円高率（a）	五五・八	三四・〇
ドル建て輸出価格上昇率（b）	四二・九	一九・五
価格転嫁率（b／a）	七六・九	五七・四

(17) これら三つの点に関して明示的な議論を行っている唯一の例外はケネン（一九八五b、六四三ページ脚注一四）である。そこではML条件は当初の貿易収支が均衡していることを前提に導出されることを明示しているほか、貿易収支を自国通貨建てで見る場合と外国通貨建てで見る場合には条件が異なってくること（輸入の価格弾性値に一定値が係ってくること）を述べるとともに、当初時点で貿易収支が黒字の場合には赤字の場合よりもML条件を満たしやすくなることをロビンソン（一九四七）とハーシュマン（一九四九）がすでに指摘していることを述べている。ただ、これらの点はあくまで脚注で簡単に言及されているにとどまり、経済学的に十分踏み込んだ分析ないし考察がなされているとは言い難い。本稿はまさにこれらの点を正面から取りあげて分析しようとするものである。

(18) 本稿でいう「一般化されたML条件」の内容を含む研究は、著者が知る限り見あたらない。ちなみに、「Marshall-Lerner condition」という用語を含む論文や書籍（Google Scholarによる検索結果は前出のとおり約二五六〇件）につき、さらに「generalized」あるいは「generalization」をも含む件数を調べると、それぞれ約一九九〇件、約二六〇件あることがわかるが、資本移動が存在する場合の条件を「一般化」ML条件とよんだ例（ダス＝リー一九七九）があったものの、その他は「一般化された」インパルス応答関数など実証研究に関する例が多かった。

(19) この条件は満たされる可能性が大きい。ちなみに、輸入額対輸出額比率が後述するように〇・七であるとした場合、円高の輸出価格転嫁率が〇・三以上であれば満たされる。例えば、前出の注一六で示したように、円高調整値上げは円高率の〇・六〜〇・七に相当していた。また経済企画庁『昭和六一年年次経済報告（経済白書）』第一‐一二図によれば、円高の輸出価格転嫁率は一九七七‐一九七八年には〇・六六、一九八五‐一九八六年には〇・五一であった。

(20) 「単純さ（simplicity）は真理を現わしている場合が実に多く、また美の基準でもある」（アメリカの生化学者マーロン・ホーグランド、一九二一‐二〇〇九）。

(21) 注一七で述べたとおり、ケネン（一九八五b）は当初時点で貿易収支が黒字の場合には赤字の場合よりもML条件を満たしやすくなることを指摘するとともにロビンソン（一九四七）とハーシュマン（一九四九）も同様のことを主張した、と記載している。しかし、本文で示したとおりこれらの結論はあくまで貿易収支を自国通貨によって見る場合に限られるものであり、一般的に成立するものではない。英国や米国では貿易収支を自国通貨建てで公表しているのでそれを暗黙の前提に議論した結果、そのような記述になったのであろう。

(22) 為替変動（円高）に伴う国内所得の変動が貿易収支に与える影響としては、例えば、交易条件改善にともなう実質所得増大とその結果としての支出増大を通じる黒字縮小効果がある。また円高による国内物価水準の低下がいわゆる資産効果（資産の実質価値の増大が支出性向の上昇をもたらすいわゆるピグー効果）を通じて支出増加をもたらし、黒字を縮小させる効果などもある。

(23) ただし、円ベースで見た貿易収支黒字の変動は、単に輸出入価格の変動だけでなく、図一で示したとおり交易条件の変化が影響するほか、本稿では捨象した所得効果（それには円相場の変動による部分およびそれ以外の要因による部分の両方が含まれる）も影響している点に注意する必要がある。

(24) 円高化と貿易収支の黒字幅縮小の推移は次のとおり。

	円相場（年末）	貿易収支
一九八四年	二五一円／ドル	一〇・五兆円

一九八五	二〇〇	一三・一
一九八六	一六〇	一五・三
一九八七	一二二	一三・九
一九八八	一二五	一二・一
一九八九	一四三	一〇・五
一九九〇	一三五	九・一

(25) 例えば日本銀行調査統計局（一九八八、図表七）ではその単純延長図が公表されている。

(26) これらの点に関する一つの整理は（岡部 一九八八）を参照。

第三部　大学教育（一）——最も大切なこと——

一　インテグリティと大学教育

日本の高校卒業生の半数以上が大学に進学するようになった現在、大学教育のあり方は将来の日本の国力を左右する課題であり、近年議論が高まっています。その目標として「社会人基礎力」とか「学士力」といった言葉が頻繁に登場しており、それを構成する要素として「考える力」とか「コミュニケーション能力」といった様々な力量が列挙される場合が少なくありません（岡部 二〇〇九、一八四ページ）。その数が多ければ多いほど望ましいといった趣すらうかがえますが、私はそうした発想にやや違和感を感じています。

大学教育の三つの目標

確かに、目標を数多く列挙すればするほど議論は安全なものになります。しかし、教育の本質を考えるうえでは、何が核心に位置する要素なのかを見きわめることこそ重要です。

私は、大学の学部教育の基本は「教養」を身につけることであると理解しています。ここでいう教養とは、単に知識の豊富さ、あるいは目先の問題に対してすぐに役立つ技量をいうのではなく「一般性の高い人間としての幅広い力量」であると私は考えたい。つまり、教わった知識を全部忘れてしまった時にその人に残るもの、それが教養であり、大学教育の目標はまさにこの点にあるべきだという考え方です。

そうした目標は三つの要素からなる、というのが私の論点整理です（次頁の図を参照）。すなわち日本語力、インテグリティ、向上心、この三つです。日本語力とは、理解力と伝達力を統合した能力にほかなりません。インテグリティは、正直さ、誠実さであり、社会生活を円滑に営む力という側面を持っています。そして向上心とは、自分を常に高めようとする能力です。これら三つのうち、日本語力と向上心は比較的わかりやすいものですが、インテグリティという表現は日本では未だ一般化していません。しかし、これは教育が目指すべき三本柱の一つであり、国際性を持つ目標でもあることを強調したい。これらの詳細は拙著『大学生へのメッセージ』（慶應義塾大学出版会、日本図書館協会選定図書）で論じたところですが、以下では、インテグリティに絞ってその意義や必要性の理由などを述べることとします。

教養の基本的三要素：大学教育の目標

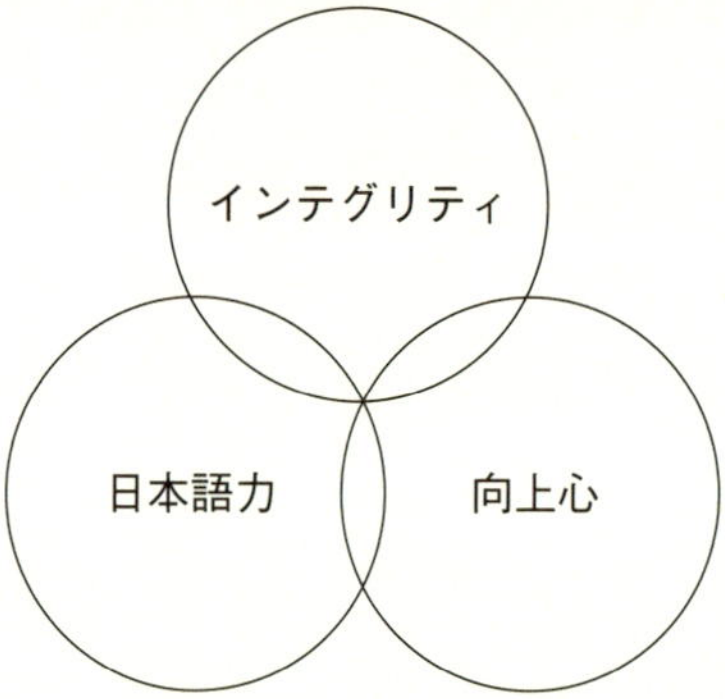

なお、大学教育の目標を上記三要素として理解するのが適切であるという意見は著者独自のものであり、著者が知る限り他に全く見当たりませんでしたが、ごく最近、ある教育学研究者が教養を論理系能力、伝達系能力、意欲系能力の三つの基礎能力として指摘していること（金子 二〇〇七）を知りました。後者の分類を援用するならば「日本語力」は論理系能力と伝達系能力を合成したものということができ、また「向上心」は意欲系能力にほかなりません。そして「インテグリティ」はいわば社会系能力ということができます。したがって、筆者が指摘した三要素は、この研究者による分類を包括する（それをさらに拡充する）ものであるうえ、より具体的な力量として表現している点で一層理解しやすいのではないかと考えています。

インテグリティの意義と実例

インテグリティとは「言うことと行うことが一致していること」です。つまり言行一致であり、両者が一体化しているという意味で完全性を意味しています。われわれは、口では良いことを言っても実際の行動がそうなっていない場合が少なくありませんが、そうではなく両者が一致していること、それがインテグリティです。そして重要なのは、他人が見ていようが見ていまいがその姿勢が貫かれていることです。人が見ている場面では言行が一致していても、人が見ていないところではそうでないケースがありがちですが、そうではなく人の目が届かないところでも言うことと行うことが一致していることです。

これは、社会を構成する個人にとって最も重要な倫理的基準の一つであり、それが行き渡っているのが良い社会だと思います。私がその重要性に本当に気づいたのは約二〇年前、米国の名門プリンストン大学で一年間教壇に立った時でした。そこでインテグリティという意味の深さを初めて知るとともに、同大学ではその重要性を教育の根幹として据えていることを知り、強い衝撃を受けたのです。

プリンストン大学では、期末試験において何と試験監督を置かずに試験を実施しているのです。期末テストの際、教員は試験問題と解答用紙を試験教室で配布し、自分の研究室に帰ります。そして試験時間（二時間程度）の終了を見はからって、再び教室に現れて答案を回収し、それを持ち帰るのです。つまり、試験監督者が全くいない状態で期末試験が行われるわけです。こうした試験を公明正大に行うため、学生は「不正行為をしていないことを私の名誉にかけて誓います」という誓約文を答案に自筆で書いて署名することになっています。このためこのシステムは「名誉ある宣誓制度」と称されています。

ここでは、不正は人格を損なうという考え方が強調されており、現に教育において学生がそれを身につけるように制度的対応がなされているわけです。すばらしい、そして勇気あるシステムであり、率直にいって羨ましいと思います。

なぜインテグリティが大切なのか

なぜこのようにインテグリティを重視するのでしょうか。第一に、インテグリティを基礎とした行動をしていれば、何も言い訳をする必要がないからです。つまり、他人の目を不必要に気にかけることがなくなるので自主性が高まり、その結果、より良い判断ができるようになるからです。第二に、インテグリティは責任を持って行動することを意味しているので第三者からの信頼感が高まり、自分にとって喜びになるからです。第三に、インテグリティを生活の基準におけば、込み入った日々の生活を単純化できるというメリットがあり、毎日の生活に自信をもたらしてくれるからです。

さらに、インテグリティは国際性、普遍性のある価値であることも付け加えておきたいと思います。例えば、国際機関の代表的存在である国際連合では三つの基本的価値を掲げていますが、その一つとしてそれがうたわれているのです。すなわち国連における三つの価値とは、専門的能力、インテグリティ、多様性の尊重であり、国連の幹部職員を全世界から公募する場合、この三つを充足する人であることを強調しているのが印象的です。

インテグリティの重要性は、組織についても同様に当てはまります。企業の経営が誠実性を持ってなされていない場合には、多くの事例が示すとおり企業の命取りになる場合も出てくるわけです。私は学生に課題レポートを課す場合、無断引用など不正がない旨を表紙下方に書かせて署名させています。また私の授業中に即答できないような質問が学生から出た場合、わからない旨を率直に述べるとともに自分が納得するまで調べたうえで回答するようにしています。これらはほんの小さい実践にすぎませんが、インテグリティがいかに重要かを学生に確信してもらえるよう努力している次第です。

（株式会社　自然総研　機関誌「トイロビジネス」一四三号、二〇一〇年五月）

二　良い授業に向けて――私の五原則――

私が初めて大学の教壇に立ったのは、もう二〇年も前のことですがアメリカの大学においてでした。米国の大学では当時から履修者による授業評価が行われており、全科目につきその結果が掲示板に張り出されるという徹底した公開システムが採られていました。この時に直面した大きなプレッシャーがそれ以降、私の授業スタイルを方向づけることになっています。

これまでに私が国内外の大学で担当した科目やそのクラス規模は様々ですが、いずれの場合でも学生が（a）基本概念を確実に理解する、（b）ものごとを整理して考える、（c）書く力と話す力を磨く、ことを達成することが基本だと考えてきました。このため私は授業に関して種々の工夫を凝らし、いまではそれを五つの原則としています。

第一に、授業の冒頭で学生諸君にあいさつの言葉を述べることです。「皆さん、おはようございます。今日は富士山が見事な姿を見せてくれていますね。皆さんを励ましているようです。さて本日の授業は……」といった風に季節の言葉を述べます。これは学生諸君と私が気持ちを一体化するとともに、勉強モードに切り替えるうえで大切だと考えているからです。

第二に、黒板の左端に当日の講義目次を書く一方、板書を最大限かつ系統的に活用することです。例えば、現在担当している日本経済論の場合、当日のテーマとして「格差問題（二）――生活格差と政策課題」とまずチョークで（横書きに）書き、その下に三〜五つの見出し項目を番号を付けて書き添えます。この板書は授業ベルが鳴る前に教室に入って行い、講義開始後は話しつつある項目の番号を○で囲んで示すことにしています。これは、当日の講義内容とその構造ならびに進捗状況を明確にするための配慮です。

そして講義は、かなり徹底した板書を基礎に進めることにしています。黒板には単に用語やポイントを書くだけでなく、基礎概念などはその定義の文章自体を書きます。高校での授業を彷彿とさせるかもしれません。しかし、これは学生諸君が自らの手でノートに「書く」という行為が理解を深めるうえで重要だという考えによるものです。また板書に際しては「黒板の空きスペースに適宜書く」というのではなく系統的に（上から下にそして左から右に）書くことをとりわけ重視しています。こうした授業を行うと、終了後には全身チョークの粉を浴びて教室を出る感じになります。なお、大学の授業でもいまやスクリーン（パワーポイント）の活用が大流行していますが、私はそれを使わずあくまで板書主義を採っています（その理由は、http://www.okabem.com/essay/index.html に掲載の「最適授業メディア私論」をご参照ください）。

第三に、毎回A4用紙一枚の補助的資料を配付することです。これは講義内容のレジメではなく、関連する図表や統計を一回の講義につき四〜五件（各種資料からの転載ないし自作の図表）を選んでそれらを一枚の用紙にまとめたものです。講義では、議論の根拠や統計的裏付けを示す必要がありますが、その板書時間を節約することがこの配布資料を作る主な目的です。むろん、こうしたコピーを随時配布することは誰でも行っていることですが、私の場合とくに二つの点に配慮しています。一つは用紙をA4サイズ（それをタテに使用）で統一すること、それを毎回一枚作ること、そしてそこに入れる図表はできるだけ見やすいものにすること（原資料を拡大あるいは縮小する、不要情報をそぎ落とすなど）です。もう一つは、資料の右上方に例えば「日本経済論（岡部・二〇〇九秋）三」といった具合に授業名や通し番号を小さい活字で入れることです。この二つの配慮によって履修者は配布資料の整理と活用がしやすくなるからです。

第四に、学生との質疑応答を促進することです。米国の大学では、学生はこちらから質問をしなくとも講義中に挙手して積極的に質問してくるので格別の苦労はありませんが、日本の学生にはそういう態度があまり見られません。このため私は、学生が挙手して質問する場合であれ、私が質問して学生がそれに答える場合であれ、その学生には「ボーナス点を一点与える」というルールを設定し、それを学生に告知しています。このルールに従えば学期中、仮に一〇回挙手すれば成績が一〇点追加されるのでかなりの動機づけになるはずであり、現にその効果が認められます。ただ、それでもなお、もっと活発に質疑応答する場面が増えてもよいというのが正直な感想です。

こうした質疑応答は、授業担当者が講義内容を本当に深いところから理解できているかどうかが試される機会（場合によっては新しい研究テーマが得られる機会）でもあります。私が米国で初めて教壇に立って企業金融について講義をしていた時に学生から質問を受けました――「いま説明のあった実務に合致したペッキング・オーダー（利用資金優先順位）理論は、純粋理論における基本命題であるモジリアーニ＝ミラーの定理とどういう関係にあるのか」と。私は絶句せざるをえませんでしたが、数日考えたうえでやっとこれにきちんと回答した次第です。この時「教えることは学ぶことである」ことを痛感しました。

第五に、授業の前日と当日の計二回、講義のリハーサルを行うことです。最初米国で（むろん英語で）授業を担当した頃は、講義一回分のノート作成に数日かかったうえ、授業当日は自分の研究室で声を出してリハーサルを行うことに一時間内外を充てる必要がありました。しかし、その後は同一科目を繰り返すかたちになるのでいまではそれを二〇分程度に短縮できています。ただ、それでも講義前日には講義ノートの手直しや配付資料の準備をすべて終えるとともに第一回目のリハーサルをします。そして授業当日は講義ノートの最終的な黙読予習をして教室に出向くことにしています。

米国で最初に担当した授業（週二コマの日本経済論）は概ね上記の方式で対応したため、自筆の講義ノートを約五〇〇枚も書く結果になりましたが、幸い履修者による授業評価では学部全科目平均をかなり上回る評点をもらうことができました。この経験を踏まえて私は、学部初級の授業であれ大学院の授業であれ、いまではすべて上記のやり方で臨んでいます。それ以外にも、例えば息抜きのための気のきいた挿話を毎回準備するなど、いまなお改善を続けているところです。

（『明治学院大学　二〇〇九年度授業評価報告書』コラム記事、二〇一〇年一〇月）

三　タームペーパー（学期論文）執筆を求める理由

この冊子（次ページ資料二の右側）は、明治学院大学国際学部における岡部光明ゼミナール所属学生の二〇一〇年度春学期タームペーパーの概要（目次および主要図表を含む）を印刷したものです。このようなかたちでゼミ生の研究成果を刊行するのは過去四回実施しているので、本冊子は第五号になります。これらのタームペーパーはすべて研究成果発表会（二〇一〇年七月一七日－一八日、湘南国際村で実施。資料一を参照）において報告され、そこでの議論を踏まえて改訂されたものです。

この冊子を刊行する目的は、従来と同様（一）個々の学生が手がけた研究の内容を残すこと、（二）ゼミ生がお互いに研究テーマを知り合うことによって問題意識を向上させること、（三）今後岡部ゼミを志望する諸君にとって参考にしてもらうこと、などにあります。

資料１　研究発表会（合宿）

資料２　研究概要収録冊子

タームペーパー執筆を求める四つの理由

岡部ゼミでは学期毎にタームペーパー（学期論文）の執筆を義務づけていますが、それは各履修者に興味あるテーマについて掘り下げて勉強してもらう機会を与えるだけでなく、研究論文として国際的に共通する「型」をしっかり身につけてもらうことを大きな意図としています。その場合、とくに重要なことは次の四つです。

第一に、論文の「タイトル」（表題）が問題意識、分析手法、そして結論の方向を示唆するものになっているかどうかです。表題は、いわば論文の最も短い要約であり、論文の顔ということもできます。限られた字数の表題にそれらを盛り込むことがとても大切であり、タームペーパーを書くことによってその技量を磨いてほしいわけです。

第二に、論文の構造が明確なものとなっているかどうかです。論文の構造はほとんどの学問分野に共通する「型」があります。その型とは（一）序文において問題の背景、研究手法、論文の構成を述べる、（二）本論では従来の研究を展望するとともにそれに批判的検討を加え、論文独自の分析を詳細に記述する、そして（三）結語の部分ではその論文における発見ないし論文の主張を要約するとともに、残された課題を記載する、ことです。学術論文の本体は、どの学問分野においても基本的にこのような構成にする必要があり、これが学術上の国際標準になっているわけです。論文がこういう構造になっているかどうかは、その目次を見ればすぐにわかります。この概要集において各タームペーパーの「目次」の記載を求めているのはそうした理由からです。

第三に、研究内容の主要点が論文の冒頭において簡潔にかつ要領よく書けているかどうかです。研究論文では、その冒頭に必ず概要（要旨、アブストラクト）を付けることが現在では国際的に共通する約束ごとになっています。このため、限られた文字数で密度の高い概要を書く技量を修得してもらいたいと考えています。概要が的確に書けているかどうかは、その論文の完成度を測る一つの尺度であり、それは大学院生あるいは研究者にとっても挑戦的な作業です。

第四に、論文における基本用語が適切に定義できているかどうかです。どのような論文においても、そこで最も重要な用語ないし概念が幾つか必ずあります。キーワードと称される言葉です。それがどういう意味を持つ用語なのかを論文の初めの部分で明確かつ適切に規定ないし定義しなければなりません。これは学術論文としての基本的な要請です。基本用語が定義できていない論文は、論文の内容があいまいなものになる場合が多く、科学的な姿勢に欠けるといわれても仕方がありません。このため、ゼミ生諸君が書くタームーパーパーにおいては、キーワードを（概要の下方に）明記するとともに、それらを文中で定義することを強く求めてきました。ここに収録した概要の文章においてもその精神が生かされていることを見取っていただけると思います。

以上四つのことは、私が学部生のゼミだけでなく、大学院生のための「国際学基礎演習」（修士課程一年生の春学期必修科目）においても当然のことながら重視していることです。

型を身につけることの重要性

以上、論文執筆において「型」を身につけることの重要性を述べました。実は、型を修得することは、論文執筆の場合に限らずどのような分野においても基本的に重要な要請なのです。なぜなら、型は長年月を経て磨かれ、洗練されたいわば知恵の結晶だからです。型を重視する効用は一般的に三つあります。

第一に、型に従うことによって物事がよく整理でき、無駄がなくなり、そして本質的なことを効果的に伝達することができるようになることです。茶道、柔道、あるいは各種の儀式を想起すればこのことが理解できると思います。

第二に、どのような型で対応するかを悩む必要がなくなるので、より本質的なことがら（内容）に集中することができることです。俳句は五―七―五の一七音による定型詩ですが、五―七―五以外の一七音の組み合わせを考える必要がないので、詠う内容をこの型に入れることだけに集中すればよいわけです。また作曲家モーツアルトの交響曲や協奏曲の場合、第一楽章は軽快なアレグロによるソナタ形式、第二楽章はアンダンテの緩徐楽章、そして第三楽章は再び軽快なソナタ形式という基本型があります。つまりモーツアルトは、曲毎にどのような形式にするかを一々考える必要がなく、曲想に集中することができたといえます。

第三に、型に習熟することによって初めて大きな飛躍が可能になることです。例えば、画家ピカソの絵は従来の絵画から見ると「型破り」ですが、これは彼が若い時に絵画の基本型をしっかり身につけていた（これが彼の作品かと疑いたくなるほど見事な写実的絵画を描いていた）からこそ可能になったはずです。型をマスターしていなければ、そもそも型破りをすることができないわけです。

今学期のタームペーパーは、上記四つの観点（適切な表題、明確な論文構造、簡潔かつ要領よく書けた概要、基本用語の適切な定義）に照らした場合、学部学生が一学期間に書く研究論文としては、概して良い作品になっていると感じました。
秋学期には、今学期の成果を踏み台にしてさらに飛躍してほしい。とくに四年生は、今学期までのタームペーパーの内容を上手に統合するないし発展させるとともに、秋学期に新たな研究を付け加えるかたちで立派な卒業論文を完成してください。大いに期待しています。

（明治学院大学国際学部　岡部光明ゼミナール「二〇一〇年度春学期研究論文『概要』集」の序文）

四　タームペーパー執筆に際してのアドバイス

二〇〇九年度春学期タームペーパーの採点結果と講評は下記のとおりです。

一．評点分布は次のとおり。

A+が五人――この五名の論文は分量、論理展開、独自性等の点で良くできていた。Aはなし。A−が七人。B+が一人。Bが三人。B−が一人。以上合計一七人。

二．すべての論文を通して見た場合、次の点が特徴でした。これらは良いことであり、今後とも実行してください。

（一）論文のタイトルがよく考えられたものであったこと。

（二）論文における重要概念「ｘｘ」については、「ｘｘとは……のことである。」ときちんと定義されている場合が多かったこと。
（三）論文の体裁がしっかりしていたこと（表紙、概要、目次、本文、文献リスト）。
（四）ケーススタディ、あるいはフィールドワーク（校外実習）などに基づくものが幾つかあったこと。

三．一方、改善を要する点もありました。これらの多くは前学期にも指摘したことです。今後十分に気をつけてください。

（一）記述に際して依拠した文献が明記されていないケース

つまり、あたかも議論や事実の記述をすべて諸君が考え出したかのような書き方になっている（すくなくとも文面上はそういう印象を与える）ケースが少なくありませんでした。「研究論文」である以上「どの部分がどの文献に依拠しているかを徹底的に書く」ことが必要です。これは論文の最も基本的な要件です。それが出来ていないのは論文ではなく「レポート」に過ぎません。出典を「くどすぎると思うくらいに書く」という風にしてください。それでちょうど良いものになります。なお、図表については概して出典が表示

資料1　研究発表会（合宿）

されていました（それは良いことです）。

出典を明記する方法としては「本文中で記載する」あるいは「脚注で記載する」のいずれでも構いません。例えば「……とされている（岡部 二〇〇九）。」、あるいは「岡部（二〇〇九）によれば……」、などという表記が標準的なスタイルです。

（二）表紙下方に「謝辞」を入れていないケース

謝辞の記載は論文の一部として標準的なものです。忘れずに記載すること。なお、論文の最終ページに謝辞を記載したケースもありましたが、タームペーパーのような単発的な比較的短い論文では、表紙の下方に入れるのが通常です。一方、卒論のような大きな作品の場合には論文全体の末尾に別ページを建てて入れるのがよいでしょう。

（三）「はじめに」の最終パラグラフで「論文の構成」を記述していないケース

「はじめに」では、問題の所在（あるいは問題意識）、研究方法などを記載しますが、その最後のパラグラフにおいて、「以下、第一章では……を述べる。第二章では……を分析する。……」などと目次を文章化したような記述をするのが一般的なルールです。

（四）本文の活字が小さすぎるケース（一〇ポイント活字）、シングルスペースでプリントしたケース、ページ番号を付けていないケース

驚いたことに、最も基本である「ページ番号を付ける」ということができていない人がかなりいました（二年生三人、四年生ですら二人）。そして活字は一一ポイントないし一二ポイントを使うこと。また行間は一・五スペース、あるいはダブルスペースにすること。ページ番号は「フッター機能」を用いて付けること。

（五）引用文献が本文あるいは脚注で引用されていないケース

引用文献リストの文献は、すべて本文中あるいは脚注において一回は引用されていること、そして本文ないし脚注で言及した文献は論文末尾の文献リストに必ずリストすること（一対一の対応）が必要です。

（六）段落（パラグラフ）の取り方がうまくできていないケース

驚いたことに、一パラグラフが一ページ以上にわたるケースもありました。一つの論理のかたまりごとに一パラグラフとすること、これも論文の基本です。一ページに入れるのはおよそ三〜五パラグラフが一応のめどになります。またパラグラフの始めは一字下げること（基本中の基本！）。

（七）異なる文体が混在しているケース

「……である。」という文章のなかに「……です。」といった文章が突然出てくる。何かをそのまま転載（コピー&ペースト）したことを思わせる。無断転載はだめです。アカデミック・インテグリティに反することです。引用するならば出典を明記すること。

四．今後の課題。来学期は次の二点に努力してください。

（一）参考文献に掲載する件数の増加（つまりさらに多くの関連文献にあたって調べること）。とくに、政府の白書類は情報や分析の宝庫です。これらには引用可能な良い図表が非常にたくさんあります。また、二年生・三年生の場合、引用文献として「○○の入門」「○○がわかる」「○○の基礎」などの概説書だけに依存して執筆したケースもありましたが、もう少し踏み込んだ書籍も利用して論文を書いてほしい。

（二）図表は、引用して掲載するだけでなく、できれば自作の図表も少なくとも一枚は入れてほしい。タームペーパーで「A+」の評価を得るにはそれが不可欠です。意欲を持って臨んでほしい。

（明治学院大学国際学部　岡部光明ゼミナール配布資料「二〇〇九年度春学期研究論文の講評」、二〇〇九年度秋学期）

五　英語力そして日本語力の鍛錬を
——大津由紀雄（編著）『危機に立つ日本の英語教育』への書評——

「日本の英語教育はうまく行っておらず危機に陥っている」。こう聞かされると、たいていの人は直ちに思い当たる。すなわち、中学校、高校、大学と合計七〜八年以上かけて英語を学んでもなかなか使いこなすことができず、外国人と対等に議論できる力を付ける人は少ない。共通語としての英語はいまや必須といえる時代になっているにもかかわらず、日本人は英語がよく話せない。外国（例えば中国など）では小学校での英語教育に力を注いでいることがテレビで紹介されたりするが、日本の英語教育は長年改善されることがなかった。まさに危機的状況にあるのではないか。

以上のように考えるのが最も素朴かつ直観的な英語教育の「危機」である。しかし、本書はこれと正反対の立場から近年の学校英語が「危機」的状態に陥っていることを主張するものである。では、なぜ現在の事態が危機なのか。どうすべきなのか。

これらの点を様々な角度から論じるシンポジウムが二〇〇八年に二回、編者（大津由紀雄氏）によって開催された。本書はそこで発表された論文八編に加え、それとは別に準備された五つの論考の計一三編によって構成され、巻末に関連資料が五点付けられた書物である。本書の執筆者は、英語学、英語教育学、言語学、言語政策学、教育学などを専門とする大学研究者が中心であるが、中学、高校の現場教員も加わっている。以下、まず本書の概要を紹介し、次いで評者の感想と意見を述べることにしたい。

本書の概要

本書は全体が四部からなる。第一部は「学校英語教育の現状と課題」と題している。その冒頭章は編者によって執筆され、本書の中で最も網羅的かつ長大な章であり危機の概観と対応方向が提示されている。この章は本書全体を貫く問題意識と論点を明確に示すとともに、執筆者全員の共通意識を示唆する章でもある。

日本の学校英語教育の危機は、二〇〇二年に策定され文部科学大臣が標榜した「『英語が使える日本人』の育成のための戦略構想」（以下、戦略構想）と称する政策方針書にその源がある――これが著者の第一の指摘である。その後『「英語が使える日本人」の育成のための行動計画』（二〇〇三年）、「教育再生懇談会の第一次報告」（二〇〇八年）、「英語教育改革総合プラン」（二〇〇九年）などにおいて当初の思想が継承され、次第に具体策が展開されてきたことが説明され、そこに見られる学校英語教育観には「本質的な違和感を覚えます」という認識が示される。その理由として（一）英語教育をひとえに英語運用能力に対する社会的要請に応える観点だけから捉えていること、（二）学校教育の自律的視点が欠落したトップダウン方式によっていること、（三）根拠が明示されないまま学生や教員に関して数値目標（高卒者の平均が英検準二級～二級程度、英語教員は英検準一級、TOEFL五五〇点、TOEIC七三〇点程度）が設定されていること、などを挙げている。

その結果、大学の英語教育は「深みのない、ごく表面的な会話能力のようなもの」に傾斜するとともに外部委託の動きも広がり「自律的な目的なしの英語教育に堕しているとしか言いようのない事態」（二七ページ）が多くなっていると断定している。一方、小学校でも「五～六年生を対象に週一時間の外国語活動（現実的には英語活動）を導入すること」を要請した学習指導要領の告示（二〇〇八年）によって、現場の教員はその運用への不安と負担の増加から疲弊する一方、生徒には英語嫌いを増やす結果を招くという「惨状」を呈している、との見方が示されている。

こうした事態に対して著者は、教育におけることばの問題をできるだけ根本に立ち返って考え直す必要性を強調し「ことばへの気づきを基盤とした言語教育」の必要性を主張している。それは「母語教育と外国語教育を一体化したもの」であり、ことばのおもしろさ、豊かさ、怖さを学習者に気づかせ（「メタ言語意識」の涵養）、それによって母語と外国語の効率的運用を図る能力を付けることである、としている。このため著者は、最近小学校へ導入された「外国語活動」（実質的には英語教育）は「ことば活動」へ転換すべきであると提案している。

第一部ではこれに続いて四つの論考が収録されている。それらはいずれも冒頭論文を補完、拡充する性質のものである。すなわち、文科省の方針は「脅迫的な英語教育以外の何ものでもない」、そもそも言語の習得には時間と努力を要するので言語教育はそれに耐えられる自律的な学習者を育てることに主眼を置くべきである（第二論文）。日本語と英語は構造的にかけ離れた言語であり、それを無視して英語教育を進めようとする新学習指導要領は断固はねつける必要がある（第三論文）。日本人は「英語信仰」から脱却する必要があり「日本語本位の教育（例えば大学における日本語の必修科目化）と国づくり」をすることこそが緊急の課題である（第五論文）。

第二部「英語教育を取り巻く社会の力学」には二つの論考が収められている。文科省の「戦略構想」は財界の提言をそのまま受け入れたものであるうえ、教員の疲弊をもたらしているので今後は多様な個性の学習者がお互いに学び合うシステムを導入すべきである（第一論文）。文科省の「戦略構想」は国家主義的性格を持つほか、学習者の動機づけの軽視、人間形成的視点の欠如、などの点で危惧が大きく、このため学習者の成長欲求に応える学習、英語を使って行うことがらの明確化、などが必要である（第二論文）。

第三部「新しい言語教育へのアプローチ」は三編からなる。フランス語教育の専門家（古石篤子氏）による第一論文では、英語か日本語かという二者択一でなく、より広い言語政策的視野が必要である、小学校レベルでは「言語への気づき」と異文化理解に焦点を合わせるべきである、それが個別言語を越えたメタ言語能力を伸ばすゆえんである（母語を振り返る契機も提供する）、などが欧州諸国の事例なども踏まえて主張されている。第二論文では、言語教育における諸要素が整理されており、第三論文では、子供の立場に立った言語教育の実践が報告されている。

第四部「さまざまな視点からみた言語教育」は二つの論考と座談会を収めている。英語教育はそもそも、ことばの教育、多文化共生社会における市民的教養、異文化理解の方法という三つの面を持つので、現状はその視点から根本的に再検討する必要がある（第一論考）。イギリスで一九七〇年代に台頭した「言語への気づき」という言語意識運動は日本に対して教訓を持つ（第二論考）。そして最後の部分では、小学校英語の賛否について匿名出席者五名が議論をしている。

本書の評価

評者の専門領域は社会科学（経済学）であり、英語学や言語政策学に関しては素人である。ただ、国内外で日本語ないし英語を用いて大学教育に関わる経験があり、また日本語のあり方に関心を寄せてきた者として見ると、本書は非常に重要な指摘を含んでおり、同感する点が多い。

第一に、ことばの本質について深い理解が示されていることである。ことばは文化であり、その文化特有の切り口で世界やものごとを理解する手段ないし行為である（鈴木 一九七三）。したがって、ことばは自動車の運転のように比較的容易に習熟できる技能と異なり、思考方法それ自体であるからその習得には時間と自律性が必要になる。ことばを単にコミュニケーション手段と位置づける「戦略構想」やそこから導かれる言語教育政策に大きな疑念を提示する本書の姿勢は妥当だと思う。小学校では「英語」を教えるよりもまず「ことばへの気づき」あるいは「ことば活動」を優先させる一方、中学・高校・大学の英語教育を充実するべきだと主張しているのは納得できる。

第二に、英語教育と日本語教育は本質的に同じ性質を持つとしているのは、さすがにこの領域の専門家集団だけあって鋭い指摘だと思う。言語は思考の道具である。したがって厳密に思考する行為は、それが日本語によるにせよ英語によるにせよ本質的に異なることはない。優れた英語運用能力を身につけた人々の多くは母語運用能力も優れているとの指摘（三〇ページ）は経験的にも納得できる。そして言語学者がそれを「メタ言語能力」という専門用語で表現しているのは、評者にとって興味深い点であった。

評者はこれらを理論的に学んだわけではないが、これまでの経験と直感から判断して妥当性が大きい捉え方であると感じる。日本語力の養成こそ、大学教育における三本柱の一つであると従来から主張している（岡部 二〇〇九、二二九ページ。ちなみに他の二つは向上心とインテグリティ）。そして大学のゼミナールでは、口頭発表であれ論文執筆であれ、日本語力を磨くこと（明晰な、正確な、効率的な日本語による表現）を指導上の重点項目の一つとしており、英語が上手になりたいならばまず日本語を上達させよ（同、一〇六－一〇八ページ、一九一－二〇〇ページ）と常々述べている。これに対して卒業生から勇気づけられる感想をもらうことが少なくない（同、二四四－二四八ページ）。本書は、評者のこうした教育実践に対して理論的根拠を与えてくれた気がしている。

一方、本書にはやや問題だと感じる点がないわけではない。第一に、書物全体がほぼ同一意見を持つ論者の論考だけで構成されていることである。むろん、そうすれば書物全体の統一感が強まる。しかし英語教育の「戦略構想」をやや一方的に断罪しようとするあまり、感情に走る表現が散見されるほか、この大きなテーマをより多角的に検討しようとする姿勢が不可避的に後退している。具体的には「戦略構想」推進派の論者はシンポジウムないし本書に登場する機会が与えられておらず、いわば欠席裁判をするかたちになっている。むしろ、賛成派も討論に招いていれば議論の幅が広がり、読者としてテーマ全体への理解が一層深まったのではなかろうか。例えば、文科省の担当者、戦略構想を支持する学者（本書では二名の有力学者の氏名を挙げている）、さらには職業上英語を使う外交官などである。もっとも、これは別の機会ないし別の書物に期待すべきことなのかもしれないが。

第二に、英語によるコミュニケーションの必要性の是非、その程度、具体策等についての目立った議論がほとんど見られないことである。これらをどう考えるべきかは、おそらく読者が最も知りたいことの一つではなかろうか。しかし不思議なことに、それらの点について本書では明確な議論ないし主張が含まれているようには見えない。日本国民全部が英語によるコミュニケーション能力を身につけることは、不必要かつ非現実的である。しかし、様々な理由から英語によるコミュニケーションを必要とする日本人も少なくない。そうした人々にとっては、日本語の特質からいって英語ないしその他外国語の上達には大きな限界がある（宿命を背負っている）のか。あるいは、そうでないとすれば英語は、どのような人にとって、どの程度必要であり、それをどう学校英語教育の中に盛り込んでいくかは、知りたいところである。こうした面での積極的な議論が含まれていないのは、やはり物足りない。

第三に、幾つか細かい点でも気になることがあった。例えば、英語の基礎力が十分でない学生には「地道に英語音声学・英語音韻論や英文法の訓練をするのが本来的な行きかたである」（一二六ページ）との主張がなされているが、そこまで多くを要求するのが妥当だろうか。確かに英文法は必須だと思うが、英語音声学・英語音韻論までも一般学生に学ばせる必要があるだろうか。それよりもむしろ教員（できることならば英語および日本語による論文執筆経験がある教員）が学生の書いた文章をしっかり添削指導するのが実際的かつ効果的だと思う。

なお編者は、ことばの問題においては文の構造（階層構造）を明確化することの重要性を指摘している（三一－三二ページ）が、本書の構造はその点で改善の余地があるように思う。すなわち、第一部～第五部には「部」としての番号が付けられているが、各「部」に含まれる論文には（例えば「章」の）番号が付されていないうえ、各論文の中における（通常「節」に該当する）見出しにも番号がない。書物中の章、節などに番号を付ければ書物とその論理の構造がより明確になったであろう。

本当に良い書物とは、多少問題を含んでいるとしても正しいところは非常に正しい本である。本書はそのような本だと思う。

（*Keio SFC JOURNAL*, 九巻二号、二〇一〇年一二月）

第四部　大学教育（二）

――制度的工夫――

一　明治学院大学の飛躍――国際学部における新学科の創設――

国際学部同僚の皆様あて

先般（二〇〇八年六月）の教授会で阿部（望）学部長が説明されたとおり、他大学における「国際系」の競合学部の相次ぐ設立によって、当国際学部を取り巻く環境は厳しさを増しています。この状況を国際学部の教員全員が本気になって考え、そして必要な取り組みを緊急に進めるべきだと思います。日本で最初に設立されたわが国際学部といえども、ここで大きなアクションを取らなければ、将来になって「二〇〇八年度は分水嶺の年だった」という風に記録されないとも限りません。

以下、議論のきっかけを提供する意味で、客観情勢についての私の判断と対応方向に関する私見をこのインターネット上の教員掲示板に書くことといたします。是非活発なご議論をお願いいたします。

まず、危機はチャンスといえます。この機を捉えて、相当大きな改革を実施するべきだと私は判断します。これまで行ってきた小さな改善（この一年間教授会で議論してきたようなことがら）の積み重ねによってブレークスルーするのはとても無理なように私は思います。思い切った改革に取り組むことがいま正に要請されているのではないでしょうか。

当面必要なこととして、やや具体的に下記の提案をいたします。

一．当学部の大改革を二〇一〇年四月に実施することを前提にこれから進める。そのグランドデザインの素案を今年の年末までに描き、来年前半までに細部を固める。来年春に刊行する学生募集要項にはその骨子を記述する。

二．上記のため、今月（七月）中に一回ないし二回、半日間の臨時教授会（懇談会という扱いでもよかろう）を開催する。そこでは、各教員が提案メモ（改革の理念など本質的なこと、あるいはそれを踏まえた具体的な提案、あるいはこのプロジェクトの推進体制など何でも可とする）を提出し、それを説明するとともに、全員で自由討議を行う。

なお、討議に際しては、批判的なコメントをしてもむろん構わないが、その場合には必ず代案を伴って発言することを原則にするのが望ましい。（批判をし、すべて否定してしまうことはわれわれが得意とするところであるが、本件については発想を変えていただく。）

三．上記会議を踏まえ（必要に応じて秋学期に再度開催してもよいかもしれない）、年内に集中的に企画立案の作業をする。これらのために、秋学期には各教員ならびに学部として研究教育活動のうえで何らかの犠牲を払わなければならなくなるが、それはある程度不可避と当初から覚悟しておく。

四．なお、改革は色々な次元で可能でしょうが、最も重要なのは「学生にとって魅力的な学修プランになっているか。その学修が実現可能な体制が構築されているか。それらをいかにシンプルかつわかりやすいかたちで公表するか」だと考えます。

（明治学院大学国際学部「教員専用インターネット掲示板」における意見記載、ＢＢＢＳ第七七八号、第七七九号、二〇〇八年七月三日）

［付記］　この後、幸いにも学部長をはじめ多くの教員の賛同をえて七月中に二回、「学部の将来のあり方」に関する懇談会が開催されました。そして秋学期に入ってからは検討会が頻繁に持たれ、その結果、既存の国際学科とは別に斬新かつ魅力的な新学科を創設することで合意が成立し、「新学科設立準備委員会」が創設されました。

二　名称は「国際キャリア学科」がふさわしい

国際学部同僚の皆様あて

いま構想中の新学科の名称には、様々な表現を入れることが可能ですが（例えばグローバル、国際交流、トランスカルチャー、ワールドなど）、私は「国際キャリア学科」という名称を提案します。その理由は以下のとおりです。

第一に、いま具体化しつつある新学科の教育目的およびカリキュラム内容の両方を的確に反映した名称であるからです。とくに学生が新学科で何を身につけることができるかを単刀直入に表現している点に大きな意味があります。つまり提案名称は、明確さ（clarity）の原則に合致しています。

第二に、新学科にはむろんこれ（国際的なキャリア）以外の要素も含まれますが、そこへの道筋の確立が最も重要な要素であるのでそれを明示すべきだからです。そうでな

English | 한국어 | 中文
MEIJI GAKUIN UNIVERSITY
Department of
Global and Transcultural Studies
明治学院大学国際学部 国際キャリア学科
2011年4月開設
世界仕様の自分へ
多文化・多国籍の学生が同じ場で学ぶ国際的な学習環境
グローバルな視野、思考、行動力を養うエキサイティングな授業
少人数・双方向型の教育、すべての授業を英語で実施
外国のパートナー校の学位も取得できる二重学位制度

資料1　新設される国際キャリア学科の特徴

い説明的な名称、例えば二つ以上の事柄を並列するような名称は、印象が薄いものにならざるを得ないので回避すべきです。従って提案名称は、単純さ（simplicity）の原則にも合致しています。

第三に、国際キャリア学科という名称は、他大学においてまだ使われていない名称であるからです。つまり、独自性（uniqueness）の原則にも合致しています。なお、大学院研究科ないし専攻分野の名称としては、キャリア・デザイン専攻など「キャリア」という言葉を含む例がありますが、学部レベルで「国際キャリア」と言い切った例は私がインターネット検索した限りでは全く見あたりません。

第四に、当学部（国際学部）の既存学科名（国際学科）と併記しても違和感がなく、むしろ両学科名が相まってユニークな国際学部を構成していると理解し得るからです。つまり、既存の国際学科は幅広い領域をカバーする（従来から包容力が大きいイメージを持っている）のに対して、新学科の提案名称はかなり特化した領域の教育をすることを示唆しているので、両者は相互補完的といえます。

以上は、私の提案とその理由ですが、その他多くの候補名称をお互いに出し合うとともに、学部の叡智を結集することによって魅力的かつインパクトの大きい名称にしようではありませんか。

（明治学院大学国際学部「教員専用インターネット掲示板」における意見記載、ＢＢＢＳ第一一八三号、二〇〇九年一二月二日）

［付記］　この後、多くの議論を経て新学科の名称は「国際キャリア学科」に決定しました。同学科は（一）時代が求める新しい人材を養成する、（二）そのために多文化・多国籍の学生が同じ場で学ぶ国際的な学習環境を提供する、（三）授業は原則としてすべて英語で実施する、（四）少人数・双方向型の授業を中心とするほかプロジェクトを基礎とした学習方法など斬新な教育方法も導入する、（五）海外協定校の学位も取得できる二重学位制度を導入する、など多くの特徴を持っています（資料一を参照）。

ちなみに、新学科の定員は一学年五〇名ですが、創設年度である二〇一一年度については、海外からの応募や国内自己推薦（ＡＯ）入試の志願者が多数あったほか、国内一般入学試験（募集人員約一七名）においては三九二名の志願者がありました。

三　授業をより良くするための工夫
――ＦＤという妖怪への対応――

国際学部の皆さまあて

「一匹の妖怪が日本の大学を徘徊している――ＦＤという妖怪が」。

ＦＤとはフロッピー・ディスク？　フレキシブル・ディスク？　いいえ、ここではファカルティ・ディベロップメント（Faculty Development）を意味します。「聞いたことはあるが漠然としたイメージしか持っていない」、「その用語ないし発想自体に反感を覚える」など様々なご意見があろうかと思います。

今後私たちは、好むと好まざるとを問わず、ＦＤを巡って時間を喰われることが多くなることがほぼ確実な情勢です。それに費やす時間や負担は私たちの「本業」の時間を犠牲にせざるを得ないうえ、大学教育に対する私たちの熱意を喪失させる可能性があり、私は大きな危惧をいだいています。

私自身、その方面の専門家ないしFD推進派ではなく、単に自分の授業を良くしていきたいという気持ちを持っている一人の教員にすぎません。しかし、上記のような望ましくない展開を少しでも防ぐ（あるいは身をかわす、ないし乗り越える）必要があると考えてFDのことを多少勉強したので、この小文を書いている次第です。以下、（一）FDとは何か、（二）FDをめぐる近況と各種見解、（三）FDに対する私見、（四）二つの具体的提案、を順次記載します。

（一）FDとは何か

FDとは「教員が授業内容・方法を改善し向上させるための組織的な取り組みの総称」とされています（「二一世紀の大学像答申（平成一〇年）」）。人によっては、授業評価アンケートの実施、そしてそれを反映した授業改善、さらにはカリキュラム改善なども含める場合があります。しかし、そこまで広義に捉えると当然なすべきことがらが多く含まれてきて焦点がぼけてくるうえ、用語本来の意味、すなわちファカルティ（大学教員）のディベロップメント（教育能力の向上開発）という内容を逸脱してしまいます。したがって、ここでは、大学教員の教育能力の向上開発に関する総称、としてFDを考えることにします。

（二）ＦＤをめぐる近況と各種見解

大学にとって従来「ＦＤは努力すべきこと」とされていました。しかし、二〇〇八年度からはその実施が義務づけられました（大学設置基準の改正）。つまりＦＤを実施する「義務」があるという（にわかには信じられないことですが）新しい時代に入ったわけです。ではどんなＦＤがその対象になっているのか？　各種の報告書などを見ると、教員相互の授業参観の実施、授業方法についての研究会の開催、外部講師を招いての講演会、大学外ＦＤ関連集会への参加、新任教員のための研修会の開催、などが挙げられています。

現に、多くの大学において各種の取り組みが活発化しているようです。例えば、私が昨年に続き自主参加した「大学コンソーシアム京都」主催のフォーラム（二〇一〇年三月六-七日、全国から大学教員・職員など約一〇〇〇名が参加した熱気あふれる会合でした）では多様なテーマのセッションがありましたが、その一つがＦＤについてでした。そこでは、大学トップによる組織的な取り組み事例の紹介があったのをはじめ、専任教員の研修会実施、授業改善のヒント集作成、さらには教員相互による全学一斉の公開授業週間の実施、などという驚くべき「先進的」事例も報告されていました。

ＦＤが義務化されているということは、大学が外部機関（大学基準協会）によって認証評価を受ける際に一つの必須評価項目となったことを意味しています。このため、大学教員の意識の持ち方のいかんにかかわらず、大学は組織としてこの取り組みをサボるわけにはいかないというのが実状です。なお、本学においても「ＦＤレポート」（明治学院大学教育活動レポート）と称する冊子が二年前に発刊されています。

ひと昔前には思いもよらなかったこのような最近の動きを大学教員は一般にどう見ているのでしょうか。上記フォーラムで見られた意見などを参考にすると、概ね次のように賛否両論に区分けできるのではないかと思います。

［ＦＤ賛成論］

・大学教員になるうえで教育方法論の履修は必須とされなかったのでＦＤに意味がある。
・授業の善し悪しに大きな差異がある場合もあるので後者を改善するうえでＦＤは役立つ。
・大学教員像が多様化している（実務家教員の増加など）ので授業の質確保に役立つ。
・大学にとって学生は「顧客」であるから顧客ニーズを満たす努力は当然である。

・グローバル化の下では日本の大学における授業の質が問われるので妥当である。

［ＦＤ反対論］

・大学教員はそれぞれ見識を持って授業をしているはずだからＦＤは屈辱的である。
・ＦＤ義務化は結局、組織としての形式的対応（アリバイ作り）に終わる可能性が大きいので実効性を期待できない。
・ＦＤは大学教員をさらに多忙化・疲弊化させ、教育研究活動に弊害を生む。
・ＦＤは文科省役人の責任回避を意図した規制強化であり大学の本質に合致しない。
・ＦＤの義務化は教員の授業改善意欲を向上させるのではなく逆に低下させる。

㈢　ＦＤに対する私見

上記の賛否両論はそれぞれもっともな面がありますが、私はＦＤを次のように捉え、そして行動するのが良いと考えます。

イ、ＦＤが求められるか否かを問わず、学生にとって最も「良い」授業のあり方を常に工夫し、改善を図ることは教員の義務であることを再認識する（職業倫理）。

ロ、そうすれば、外部から押し付けられた形式ないし授業方法ではなく、自分で工夫したやり方こそ最も自信が持て、かつ効果的なものになるはずである（主体性・自発性の重要性とその有効性）。
ハ、われわれにとって追加的な負担が最小になる方法を工夫する必要がある（負担最小の原則）。
つまり、義務だからやらざるを得ないという発想（その場合には負担感だけが支配する）を排する一方、むしろＦＤ義務化を奇貨として、当学部が自発的にそして独自の方法で取り組むのが望ましいのではないでしょうか。これに伴い、ある程度の負担増加はやむを得ないと割り切る必要がありますが、今後もし形式的、統一的なＦＤ要請があった場合には「われわれはすでに独自のＦＤを行っている」と胸を張って主張すればよく、そうした外圧が到来する前に先手を打っておくのが得策ではないでしょうか。

（四）二つの具体的ＦＤ提案

では、どのようなＦＤが考えられるでしょうか。私は具体的に次の二つの提案をしたいと思います。

（a）「私の授業工夫」というワークショップを毎月一回（水曜日）学部として開催すること。例えば、この会合に毎回一時間を割り当て、二名の教員が自分の授業工夫を紹介することによって教員が相互に良いところを学び合う（ビジネスモデルとしての特許権は相互に放棄する）。

「自分の授業はこのような工夫をしている」という点は、皆それぞれ必ずあるはずです。そして、それらの工夫されていることがらが学部教員の間に広がれば、学部全体として授業をより良いものにすることが期待できるわけです。

例えば、学生の授業出席率を高める方策、黒板ないしパワーポイントの効果的な使い方、講義と質疑応答の組み合わせ方、講義と実習の適正なバランスの取り方、グループワークの効用とその限界、資料の用紙配布とウエブ掲載の使い分け、授業評価アンケートを活用した授業改善の実例、学生の居眠り防止策（！）など限りなくあるのではないでしょうか。

（b）優秀教員賞（Best Teacher Award）を創設し、毎学期一名ないし二名の教員を学部長が表彰すること（表彰状および金一封を授与）。また該当教員の氏名を学部掲示板にも掲出する。なお、受賞者の選定方法は色々考えられますが、最も手っ取り早いのは授業評価アンケートの結果を何らかのかたちで利用することでしょう。

このアイデアはことさら新しいものではありません。私が二〇年前に教壇に立ったアメリカの大学（ペンシルバニア大学）では当時すでにこれが行われていました。また前任校（慶應義塾大学ＳＦＣ）でも、キャンパス創設当時はこの制度があり、受賞教員がそれを額縁に入れて（誇らしく）研究室に置いてあったのを見たことがあります。


なお、ＦＤの標準メニューになっている「教員相互の授業参観の実施」に私は賛成しません。なぜなら、それは授業ないし教室の雰囲気を大きく損なう可能性（学生諸君から見ると本末転倒の結果をもたらす可能性）があるからです。

また、上記提案（ａ）は、教授会のある毎月第二水曜日に行うのが自然かもしれませんが、その日は他の行事（付属研究所研究フォーラム等）とも競合するので時間を確保するのが困難かもしれません。したがって、例えば第四水曜日に行うなどの工夫が必要になるかと思います。なお、これはオン・キャンパス・デー（教員の出勤義務日）を毎月二回にするべきであるという私のかつての提案に関連してきますが（二〇〇八年六月一二日付けＢＢＢＳ第七四九号「教授会の運営方法など」における論点二（五））、それは別途検討すべきテーマになりましょう。

皆さまからの活発なご意見の開陳を期待しています。

（明治学院大学国際学部「教員専用インターネット掲示板」における意見記載、ＢＢＢＳ一二六二号、一二六三号、二〇一〇年三月一四日）

四　大学の社会貢献

——原武史（編）『「知」の現場から』への書評——

最先端が面白く読める

実に見事な本である。いま最先端で活躍する人はどのような発想をするのかがよくわかる。本書は読みやすく、そして何よりも面白い。

本書には国際学部付属研究所の公開セミナーにおける一〇回の対談が記録されている。ゲストは論壇、文壇、研究などの分野における超一流の人物であり、原武史氏（国際学部教授）あるいは高橋源一郎氏（同）が対談相手となって議論をしている。本書には三つの特徴がある。

第一に、分野の多様さと先端性だ。皇室、大学、小説作法、鉄道、生命、歴史認識、東京など、現代を読み解く様々な切り口が提供されている。そして、それらの分野で最先端の仕事をしている論客の視点、つまり知識や知恵とそれが生まれる「現場」の様子がどのようなものかがよくわかる。

第二に、臨場感にあふれていることだ。大教室の壇上における二人の討論の様子が目に浮かんでくる。対談記録といえばともすれば冗長なものが多いが、本書では日常的な話題から高度な学問的内容に至るまで議論がよくかみ合っており、談論風発の趣きがある。

第三に、大学の社会貢献の好例を示していることだ。大学の役割は、研究、教育のほか、最近では社会貢献が言われている。本書は、その点で明治学院大学の姿勢を示すものでもある。これだけ贅沢なゲストを毎回キャンパスに招聘し、しかもその対談を入場無料（事前申込みも不要）で提供しているわけだから、六〇〇〇人収容の大教室でも立ち見が出るケースがあったというのもうなずける。

今年秋学期も、同様のプログラムが予定されているので楽しみだ。

（明治学院大学広報誌『白金通信』書評欄、二〇一〇年一〇月号）

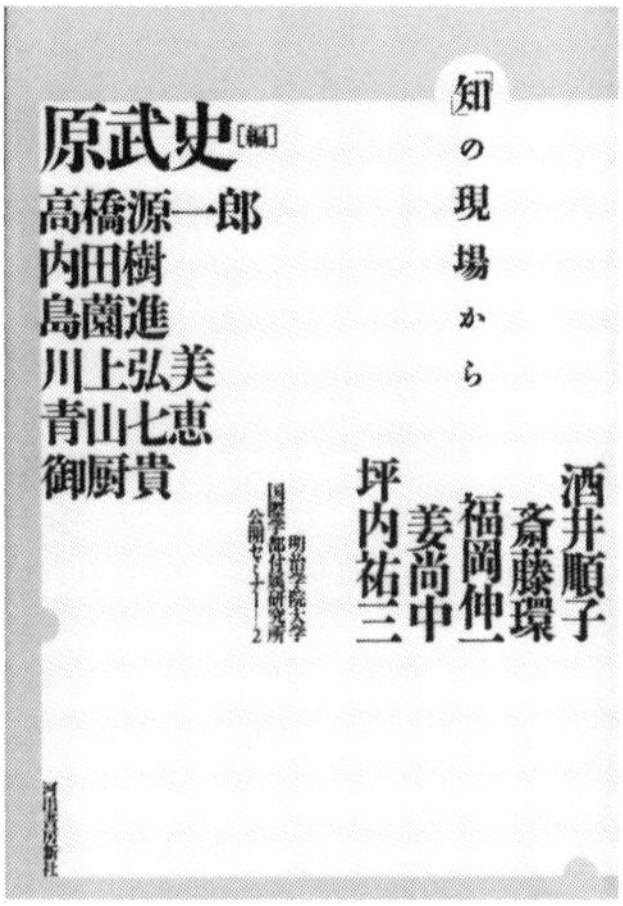

「知」の現場から
明治学院大学国際学部付属研究所公開セミナー 2
原 武史 編（国際学部教授）
河出書房新社
314頁／1,800円

第五部　慶應義塾大学ＳＦＣとの関わり

一　慶應義塾大学ＳＦＣへの感謝と期待
――大学院生と教員の皆さんへのメッセージ――

榊原清則先生（慶應義塾大学総合政策学部教授）、ご紹介ありがとうございました。皆さん、こんにちは。

本日は慶應義塾大学湘南藤沢キャンパス（ＳＦＣ）が主催する一五年の歴史を持つこの公開研究フォーラムにおいて私の見解の一端を申し述べる機会を与えてくださったことを光栄に思います。そして、心から感謝しております。

さらにいえば、ここ東京の真ん真ん中にある六本木ヒルズにおいて、しかも東京全体を眼下に見下ろせる最上階（四〇階）のこの会場において何らかのメッセージをお伝えするために時間を配分していただくという稀有な機会を与えられ、とても幸運だと思っています。

そこで本日は「慶應義塾大学ＳＦＣへの感謝と期待」と題して、幅広くＳＦＣに関係さ

講演目次

1. SFC退任以降の3年間

2. SFC学生諸君へのメッセージ

3. SFCの院生・教員への期待

4. 結論

資料1

れる皆さんに対して私の感謝の気持ちを述べるとともに、今後のＳＦＣへの期待ないし率直な注文をさせていただきたいと思います。それらは、本日ここにご参加くださっておられる一般の皆様にとっても参考になる面も少なくないと期待しております。

以下では（資料一参照）、まず私がＳＦＣを退任してから三年間、何をしてきたかをご紹介いたします。それは結局、ＳＦＣに対する感謝の言葉にほかなりません。次いで、ＳＦＣの学生諸君へのメッセージを一つのエピソードとともにお伝えしたいと思います。そして第三に、ＳＦＣの大学院生および教員の皆さんに対する一つの具体的な期待を述べることにします。最後に、それらの結論を要約いたします。

一　SFC退任以降の三年間

さて、第一番目のテーマ「SFC退任以降の三年間」についてですが、そのポイントは、SFC在任時代から得た恩恵にその後も引き続き浴していること、そしてそれに対して本当に感謝している、ということです。

そのことは、私がSFCを去る直前に一時間半にわたる私の最終講義においてお話する機会がありました。その講義の模様はありがたくもビデオ録画され、SFCのウエブサイトに載せられているのでいまでも追体験していただけます（http://gakkai.sfc.keio.ac.jp/lecture/index.html）。またそれを『日本経済と私とSFC（最終講義録）』という書物にもまとめましたので、ご関心のある方は見ていただければ幸いです（岡部 二〇〇七）。実は先ほど、この会場に設けられているSFC教員が刊行した書物を陳列してある書棚を拝見したのですが、何とこの本がそうした書籍の一つとして展示されているのを発見し、そのご配慮に対してありがたく思うとともに感銘いたしました。その書棚には、この本のほかにも私がＳＦＣ在籍中に書いた一〇冊余りの本もていねいに配架してくださっており、非常にうれしく思った次第です。

明治学院大学国際学部に在籍

さてＳＦＣ退任後、私は明治学院大学の国際学部に移り、現在もそこに所属しております。同大学の本部キャンパスは東京の港区白金にありますが、その国際学部はＳＦＣと同じように一九八〇年代の後半に創設された新しい横浜市郊外のキャンパスにあります。横浜キャンパスには、本部キャンパスと全く同様の施設、すなわち教室のほか、図書館、コンピュータセンター、さらには大学の創設者の胸像、そしてチャペルなど、すべてが取りそろえられています。この画面（資料二）は横浜キャンパスに設けられているモダンなチャペルです。

明治学院は、ジェームス・カーティス・ヘボン博士によって建てられたヘボン塾を泉源とする大学です。ヘボンというと、ある程度年配の方ならば日本語と英語を表記する場合の標準的な方式であるあのヘボン式ローマ字のヘボンではないか、と思われるかもしれません。まさに、そのとおりです。皆さんがパスポートの発行を申請する場合、外務省に申

(1)現在の勤務先: 明治学院大学 国際学部

■横浜キャンパスのチャペル

・明治学院は J. C. ヘボン博士によって創設されたヘボン塾に源がある

・卒業生には高橋是清(大蔵大臣)、島崎藤村(作家)など。

・理念: "Do for others."

資料2

請用紙を提出するわけですが、その申請書には「氏名はヘボン式で書くこと」という指示があります。そのヘボン式ローマ字の考案者として広く知られているヘボンが創立した教育機関にルーツを持つ大学、それが明治学院大学です。

明治学院の創設は、慶應に若干遅れを取りましたが、再来年（二〇一二年）に創立一五〇周年を迎える比較的古い学校です。その国際学部で私は日本経済論やその英語講義（Contemporary Japanese Economy. 主としてカリフォルニア大学から来日している交換留学生が履修する講義）などの授業を担当しております。また、この（二〇一〇年）四月からは大学院の国際学研究科

(2) SFCとは引き続き多面的な関わり

■ブラウン・バッグ・ランチ・セミナー

■大学院　政策･メディア研究科での院生指導、博士学位の審査

■湘南藤沢学会 - 引続き会員
Discussion Paper 4編（岡部2009a、2009b、2010a、2010b）、論文冊子1冊（Okabe 2008）を刊行

資料３

長の責任も負っており、その大学院の抜本的改革に取り組んでいるので、正直言ってＳＦＣ時代よりも多忙で、かつ緊張した毎日を送っております。

ＳＦＣとは密接な関係を継続

実は、ＳＦＣを離れてからも、ＳＦＣとの関係は切れるどころか非常に多面的に維持させていただいております（資料三）。第一は、ブラウン・バッグ・ランチ・セミナーというＳＦＣの研究会への参加です（資料四）。これは、学期中の毎週水曜日、昼休みの一時間にわたってカッパー館五〇七号室において開催されるインフォーマルな研究会です。ここでは、政策研究分野の

資料4

大学院生の諸君と指導教員の皆さんが集まり、文字どおりサンドイッチをほおばりながら研究発表や議論を行っています。この写真はその様子であり、真ん中にサンドイッチが見えます。

この研究会は、写真中央におられる香川敏幸先生（現名誉教授）と私が約一〇年前に初めて企画し、二〇〇二年秋学期に第一回の会合を開催し、それ以来現在まで続いています（香川他 二〇〇六）。現在は、主として渡邊頼純先生とその大学院生グループの皆さんがこの活動を引き継いでくださっています。私も月一回あるいは二ヵ月に一回ぐらいの頻度でここに参加し、自分の研究論文や大学教育論を発表する貴重な機会にさせていただく一方、ＳＦＣ大学院生の発表に対してコメントをするなど、色々なかたちで議論に加わらせていただいております。

ＳＦＣとの関係の二つ目は、大学院の政策・メディア研究科における大学院生諸君の指導や博士学位論文の審査にも引き続き関与させていただいていることです。現在、博士号の取得に近づいているある学生の指導副査を担当しています。

そして三番目は、本日の催しの主催者である榊原先生（湘南藤沢学会会長）に感謝したいのですが、湘南藤沢学会の会員としてＳＦＣとの関係を維持していることです。ＳＦＣ退職後、あるいはＳＦＣ「卒業後」もありがたいことに同学会の会員に止まることを認めていただいております。当然ながら年会費もきちんと払っています。そして、おそらく支払い年会費に対して最も元を取っている会員、つまり一番多くその恩恵を受けている会員は、ＳＦＣのどなたでもなく、ほかならず私ではないかと勝手に思っています。

というのは、湘南藤沢学会には研究論文等を刊行するために各種の制度が設けられており、私はそれを自分の研究成果の発表手段として最大限活用させていただいているからです。この学会で一番最近（二〇〇九年）創設された制度としてディスカッション・ペーパー・シリーズという論文公開の制度があります。このシリーズにおいて私は、所定の審査を経てすでに五本の研究論文を収録していただいております。このシリーズは、印刷して刊行される論文雑誌でなく、インターネット上のウエブサイトにおいてだけ、そして極めて迅速に論文を公開する仕組みであるので、非常に効果的な発表手段になっています。

ディスカッション・ペーパーの他にも、書物というほどのページ数はありませんが論文冊子も一冊、二〇〇八年に刊行していただきました。これは「Corporate Governance in Japan」という六七ページの英文による単行冊子であり、現在担当している授業のサブテキスト（副読本）の一つとして利用しています。自分で印刷するとなれば大きな印刷費用がかかるので、この学会の研究論文冊子の刊行制度は非常にありがたく感じている次第です。

その他、折に触れてSFCを訪れる機会があります。一つは「総合政策学の創造」という授業での講義です。実は本日、ちょうど同時にこの階のメイン会場で「総合政策学の創造」というセッションが進行しているようです。「総合政策学」という授業は、ご存じの方も多いと思いますがSFC創設以来、学部長が担当することになっている授業であり、総合政策学部一年生、二年生にとって必修科目です。これは総合政策学という学問の入門授業ということができ、本年は学部長の國領（二郎）先生と廣瀬（陽子）先生が共同で担当しておられます。その授業で本年五月、私は話す機会が与えられ「総合政策学とは何か」という題目で自分の経験と研究を踏まえて一回、講義と討論をする機会がありました。

また去る四月には、ＳＦＣ二〇周年記念式典という催しがありました。ＳＦＣの大教室（シータ館）で行われたこの記念式典には、神奈川県知事、塾長をはじめ、元ＳＦＣ教員、卒業生など、多くの関係者が集いました。私もＳＦＣ教員のＯＢの一人としてご招待いただき、うれしく参加したわけです。

ＳＦＣに対する感想

このようにＳＦＣに関係を持たせていただいている感想を述べるならば、それは三つあります。何でも三つに整理できるというのが私の従来からの主張なのですが、第一は、ＳＦＣを訪問する際には、やはり緊張するということです。ＳＦＣは私がいま所属する組織ではないので、やはりかなり緊張するというのが本当です。それと同時に、非常に懐かしいところに来たな、という感慨もまた同時に抱きます。これが第一の感想です。

第二には、私自身の研究にとって、色々刺激を受けることが多いうえ、大学運営に関するヒントをＳＦＣが与えてくれることです。そのことに非常に感謝しています。

そして第三には、ＳＦＣのすごい馬力、つまりパワー溢れる点です。それに加えてスピード感、そしてさらには「適度ないい加減さ」がＳＦＣには見られ、いつも感心しています。例えば、この会場で皆さんがいまお座りになっているのは、椅子だか床机だかわからないようなものであり、しかもそれらを整然と並べるのではなく実に無造作に置いてあります。きちんと並べるということをあえてしない。そうしておけば状況に応じて非常に弾力的に対応できます。これはまさにＳＦＣの「適度な」いい加減さの例であり、非常に良いことだと私は思っております。

二　ＳＦＣ学生諸君へのメッセージ

さて、二番目のテーマである「ＳＦＣ学生諸君へのメッセージ」をお伝えしたいと思います。その発端はＳＦＣ二〇周年記念式典にあります。式典が終わった直後に、私は三名の岡部ゼミ卒業生と偶然会う機会がありました。このゼミ生三名も、相互に申し合わせたわけではないにもかかわらず全く偶然にその場でお互いに出会ったわけです。この再会は一見偶然であるように思えますが、そこには隠された深いメッセージがあるのではないか

冨田賢君　　相原史乃さん　　遠藤英湖さん

資料５

と、私は感じました。それを今日お話ししたいと思うわけであります。

ＳＦＣ岡部ゼミナールの三名の卒業生

この写真（資料五）は式典の直後に撮ったものであり、後方に二〇周年という表示が見えます。この写真の左から順に、私のゼミ生ＯＢの冨田賢君、次いで相原史乃さん、そして右端が遠藤英湖さんです。私のゼミは、慶應義塾大学では合計二二一名の方が履修したので現在、卒業生がその数だけ（二二一名）います。その他に、明治学院に移ってからも一三名の卒業生を出しているので、世の中で「岡部ゼミ出身」だと名乗っている人は合計二三四名の多きに達しています。ゼミ生諸君については、在学時代それぞれ思い出があるのですが、その二三四名のうちの三名、つまりゼミ生全体の一パーセント強のサンプルでしかないのですが、その三名につきそれぞれの人生の軌跡を簡単に辿ってみたいと思います。

冨田賢君

まず冨田賢君ですが、彼は一九九七年三月にＳＦＣを卒業されました。在学中に私のゼミで書いた論文が湘南藤沢学会の優秀論文に推薦され、同学会によって刊行されていまも残っています。そのタイトルは「日本におけるベンチャー企業の育成について」というものです（冨田 一九九五）。この論文は現在なおウエブ上で見ることもでき、彼にとってその後のキャリアの原点になったものです。冨田君本人が、そのことをいつも言っております。

卒業後は米系の金融機関、京都大学大学院修士課程、大学専任講師（大阪市立大学）などを経験されました。冨田君は折に触れて私に連絡をしてくださいましたが、その内容はいつも「今度この会社に移りました」とか「今度この仕事に変わりました」という内容でした。そうした連絡をもらうたびに、私は「転石苔むさず」という印象（つまりそんなにころころ勤務先あるいは仕事を変わり続けると何も蓄積できないのではないかという印

冨田君　経営セミナーの運営、各種講演などで多忙な日々

資料6

象）を持ったのが正直なところでした。しかし、いま振り返ってみると、彼が重ねてきた転職は毎回必ず一段階上に上がる転職であり、その蓄積によって現在があることに気づきます。

そうしたステップアップの末、冨田君は二〇〇八年に経営コンサルティング会社（約一〇社の関連子会社を保有する会社）の社長に就任されました。そして、この写真が示すように（資料六）、各種の講演などで多忙な日々を送っておられます。別の写真（資料七）は彼が運営する経営セミナーの様子であり、真ん中にいてがんばっているのが冨田君です。

資料7

遠藤英湖さん

二人目は遠藤英湖さんです。彼女は一九九七年三月にSFCを卒業されました。在学中から「私は日本と中国の間における架け橋になりたい」という強い夢を語っておられました。そして卒業後はそれを継続的に追求されました。現在は、在日中国人向けで日本最大の発行部数を誇る中国語の新聞「東方時報」（発行部数一二万部）の記者を務めておられます。この会社で唯一の日本人記者です。彼女はこのようにしてジャーナリストとして活躍しているほか、日中友好促進のためにも多彩な活動をしておられます。

やや古い写真ですが、ここにお目にかけ

遠藤さん　相原さん　1995年岡部ゼミ

資料８

るもの（資料八）は一九九五年当時の岡部ゼミの教室におけるスナップです。白いブラウスにカーディガンを着ているのが、当時の遠藤さんです。その横にいて、長い白いスカートをはいているのが、後に三人目としてご紹介する相原さんです（この写真にはたまたまお二人が同時に、しかも隣り合って写っています）。

遠藤さんは、多くの有名人を相手に取材しておられます。例えばこの写真（資料九）は、香港の人気俳優アンディ・ラウさんを取材された時のものであり、俳優の右手の上に顔が写っているのが遠藤さんです。この後、単独インタビューにも成功し、それを記事にされています。次の写真（資

遠藤さん

香港の人気俳優アンディ・ラウ氏を取材中（俳優の右手上が遠藤さん）。

このあと単独インタビューに成功。

資料9

料一〇）は、鳩山総理（当時）から日本在住の華人に向けた新年の挨拶の記事であり、今年のお正月に「東方時報」のトップを飾ったものでした。この挨拶記事を総理からもらうことは、この新聞社の社長が遠藤さんに対して以前から要請していた会社としての強い要望であり、遠藤さんはこの大きなプロジェクトに周到に取り組んでこられたそうです。そのために最初は外務省との関係を作り、それを踏み台にして最終的には総理官邸に話を通してもらうことに成功、開始から実に五年間もかかってこのメッセージ記事をこの新聞のために総理から獲得するという大きな貢献をされたわけです。

東方時報

742

2010年2月11日

中国僑

鳩山首相通過本報向華人拜年

春節を迎え、全ての華人の皆様に新春のお慶びを申し上げます。

中国の伝統的な新年である春節では、中国だけでなく、世界各地の華人の皆さんが賑やかにこれを迎え、家族団らんを楽しむものと伺っています。皆さんが、よい春節を迎えられることをお祈りします。

私は、昨年9月の総理就任後、胡錦濤国家主席、温家宝総理をはじめとする中国の要人と既に何度もお目にかかり、忌憚のない意見交換を行いました。日中両国は、「戦略的互恵関係」の内容を充実させていくことで一致しています。ともにアジア及び世界の平和と発展に責任を負う日中両国が、活発な交流と互恵的協力を積み重ねていくことが求められています。

また、今年、中国は上海万博を開催します。上海万博を契機に、日中間の交流の分野が広がり、更に厚みを増したものとなることを期待しています。

今や、多くの華人の方々が日本の社会の幅広い分野で活躍されており、日本社会の発展に貢献されています。皆様の益々のご活躍と新しい年が皆様にとって一層充実した一年となることをお祈りいたします。

鳩山由紀夫

「鳩山総理から華人に向けた新年のご挨拶」

社長の命をうけた企画。まず外務省との関係構築から取り組み、5年間をかけて達成。

資料10

相原史乃さん

さて三人目は相原史乃さんです。彼女は一九九六年三月にＳＦＣを卒業されました。在学中から社会現象の政治経済学的な側面に強い関心を持っておられ、ゼミのタームペーパー（学期論文）では「日本の市場は果たして閉鎖的か」というテーマを取り上げられました。この論文は、国際経済の問題を日米の外交交渉という政治的な側面から取り上げたものであり、彼女の関心が当時から政治的側面にあったことが示唆されています。実は、この論文は相原さんのその後のキャリアを暗示するものだったのです。

卒業後、相原さんは会社の経営あるいは

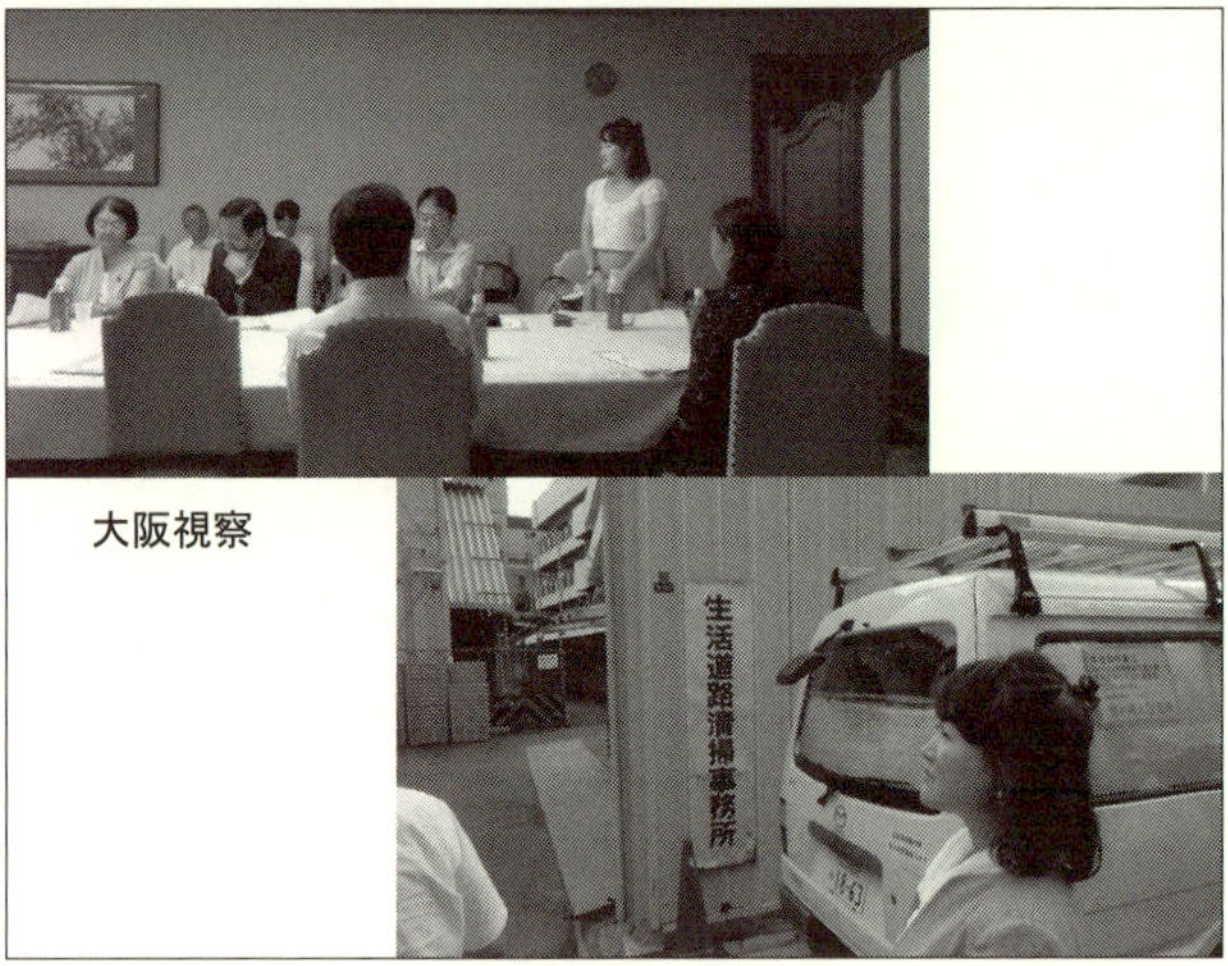

資料11

起業などを経験されました。その後、小沢一郎氏が創設した小沢一郎政治塾（二〇〇一年に設立）の第一期生として政治の世界に転じられました。そして昨年（二〇〇九年）八月、衆議院議員選挙で民主党から立候補され、南関東選挙区から比例代表で初当選を果たされたのです。

　現在は若手国会議員として活躍中であり、国会では厚生労働委員会の「消費者問題特別委員会」に所属しておられます。また民主党内では「自立就労・雇用創出・ホームレス自立支援」に関係するタスクフォース（作業部会）で活躍しておられます。この写真（資料十一）は、相原さんが大阪視察をされた時の一コマであり、まさに現場を

相原さん
衆議院「消費者問題特別委員会」で食の安全に関して質問（2010年3月）
福島瑞穂消費者担当大臣（当時）が答弁

資料12

視察して政策を考えるという発想がここからうかがわれると思います。もう一つの写真（資料一二）は、彼女が衆議院の消費者問題特別委員会で「食の安全確保」についての質問をしているところであり、それに対して福嶋瑞穂消費者担当大臣（当時）が答弁しています。

三つの軌跡の共通点

このように三人のゼミ生はそれぞれ異なる三つの軌跡を描いたわけですが、私から見ると共通点があります。

それは、三名とも職業を単に生活費獲得のための活動と見るのではなく、より深いところから聞こえてくる呼びかけへの対応と捉えておられる点です。

冨田君の場合は（本日は時間制約のため詳しく説明できませんでしたが）誠実な事業展開、つまりインテグリティを基礎とした行動（これは私がいつも言っていることですが）の重要性を理解し、それを実践してくれています。「インテグリティのある事業展開による社会貢献を自社の社是としている」ということが会社のホームページで謳われています。

遠藤さんの場合は「読者の心の琴線に触れるような記事を書きたい」と常々言っておられ、インタビューに際しては徹底的な事前勉強をして臨んでいるとのことです。また、それと同時に日中相互理解の促進に力を注ぎたいという気持ちも機会あるたびに表明しておられます。相原さんの場合は「現場の声を吸収する。それを反映した心のある政治に挑みたい」という姿勢を維持しておられます。

つまり、三人はそれぞれ人生の仕事を見いだし、多忙だが充実した生活を送っておられる、そして成長を続けてこられてきたわけです。これは私にとってたいへんうれしいことです。これらの例から学び取ることができる大きな教訓があるのではないだろうか。その教訓ないし私の解釈は、この講演の結論部分で申し上げたいと思います。

三　ＳＦＣの院生・教員の皆さんへの期待

さて第三に、ＳＦＣの大学院生および教員の皆さんへの期待を述べたいと思います。それは結論的にいえば「総合政策学の確立にさらなる挑戦をしてほしい」ということです。まず、総合政策学とはそもそも何でしょうか。これは二〇年前にＳＦＣが創設されて以来、繰り返し問われてきた質問であり、ＳＦＣが答えなければならない課題です。これに対して最近与えられた一つの回答は次のようなものです（資料一三）。

総合政策学についてのわかりやすい説明

第一に、社会問題の研究において従来は「ガバメント」の研究が中心でしたが、その後は「ガバナンス」の研究という視点に転換する必要性が生じ、それが総合政策学の基本になっていることです。

第二に、従来の「個別科学中心主義」を脱し「問題中心主義」のアプローチを取っていることです。英語で言いますと、discipline-oriented approach から issue-oriented approach への変化を遂げる必要があるという認識です。

(1) 総合政策学とは？ーひとつの説明

1. ガバメント → ガバナンス

2. 個別科学中心主義 → 問題中心主義

3. まず問題発見（問題設定）が必要

4. 問題解決の過程で得られる「知見」を循環的に活用可能

資料13

三番目は、まず「問題発見」ないし「問題設定」が重要であるという認識です。問題発見は、英語ではdiscoverです。discoverというのは、文字どおりcoverを取り除く（dis）という意味です。そして問題設定というのは、問題をdefineする、つまり問題を理解すべき対象として設定するということです。こういう発想が重要であるというのが総合政策学の理解です。

そして四番目には、問題解決の過程で得られる「知見」を循環的にその他の問題に活用していける、という認識があります。國領学部長がよく使われる表現を借用すると、総合政策学は「実践知の学問」である、というわけです。つまり、何かの問題解決策を実践すれば、そこから多くの知識や知恵が得られるだけでなく、それは一般性を持って他の問題の解決に対しても有用性を発揮でき、さらにそうした循環を重ねることによって知恵が純化され蓄積していく学問である、という理解です。

いま申し上げた四つの説明は、実は今年（二〇一〇年）二月に実施された総合政策学部の入試問題で提示された資料の内容を私が要約したものです。かなり長文の資料ですが、総合政策学とは何かということにつき平易に解説したものであり、受験生はそれを読んで解答を書くことが要請されていました。その資料は、おそらく総合政策学部のスタッフが叡智を集めて執筆して世間に問うたもの（いわば自信作）ということができ、総合政策学の最新の解説ということができると思います。確かに、それはわかりやすく、かつ的確な説明であり、私自身もそれによって考え方を整理できる面が少なくありませんでした。

総合政策学に関する一層深い説明の必要性

しかし、総合政策学が現代社会の問題に対する一般性のある問題発見および解決方法の学問であるならば、学問としての構造を明確化する必要があると私は思います。言い方を変えるならば、説得性を持つ理論化、体系化、ないしモデル化が総合政策学には不可欠ではないだろうか。これが私の言いたいことであります。

この課題に対しては、もちろん歴代のＳＦＣ教員によって色々な取り組みがなされてきました。近年における例を幾つか指摘しますと、例えば『総合政策学の最先端Ⅰ』という書物（ありがたいことにこの会場の書架に展示されています）の長い序文において、小島学部長（当時。残念ながら二〇〇八年に他界されました）と私と共同で総合政策学についてわれわれ二人の見解を書く機会がありました（小島・岡部 二〇〇三）。その後、比較的最近ですがＳＦＣが文部科学省二一世紀ＣＯＥプログラムの研究資金を得た時、五年間に亘って三〇名近くの教員が共同で総合政策学を様々な視点から研究をする機会がありました。その成果は、大江守之先生、梅垣理郎先生と私の三名共同で二〇〇六年に『総合政策学』という書物にする機会がありました（この書物もこの会場に展示されています）。私は共同研究を通して理解を従来よりも深めることができたので、この書籍において、私なりの体系的な理解を二つの章にまとめました（岡部 二〇〇六a、二〇〇六b）。

その後、ＳＦＣを離れてからは、私自身これまた学際性を特徴とする「国際学部」という、性格がよくわからないと揶揄される学部に在籍しているので、学際性とは何かという研究を継続してまいりました。そして、何編かの論文を書き、先ほど紹介した湘南藤沢学会のディスカッション・ペーパー・シリーズに採録していただくことを行ってきました。一番最近書いたもので直接関係するのは「総合政策学の理論化（試案）」という表題の研究ノートです（岡部 二〇〇九ｃ）。これは、一つの新しい視点と関連する概念を提供したものであり、ＳＦＣの皆さんが総合政策学の理論化を進める場合に多少とも参考にしていただけるかも知れないと思って執筆したものです。

ＳＦＣにおいてなされた総合政策学に直接関係する最近の研究としてはどのようなものがあるでしょうか。確かに、幾つかの具体的な成果が発表されております。私が直接目にすることができたものを幾つか挙げますと、まず金子郁容先生が『コミュニティのちから』という書物を刊行しておられます（今村他 二〇一〇）。これは同先生が指導された大学院生の方々と行った共同研究の取りまとめであり、先般、日本経済新聞の書評でも取り上げられました。二つ目として、田島先生と山本先生が共同編集して昨年出版された『協働体主義』という本があります（田島・山本 二〇〇九）。これらの書物はいずれも興味深い内容を含んでおり、ＳＦＣ研究者による重要な成果だと思います。しかし、そこでは「総合政策学を体系化する」あるいは「総合政策学はこういう体系を持った学問である」という意識ないし試みはうかがわれないのではないか、というのが、厳しいかもしれませんが私の感想です。

総合政策学の二つの基本的側面

では、総合政策学の理論化を企てる場合、何がポイントになるのでしょうか。それを構成する要素は幾つかありますが、ここでは二つ重要な側面を指摘しておきたいと思います。一つは学際研究の重要性です。つまり、多様な視点は多様な解釈を可能にし、真実に迫るパワーがある（ペイジ 二〇〇七）という認識であります。もう一つは、社会を見る場合、いわゆる「二分法」による認識を超える必要性が大きいことです。

まず前者から説明します。それを理解するうえで私は従来からこの図（資料一四）を用いています（岡部 二〇〇七）。この図は直接的には文脈効果、つまりものごとを理解するうえではその前後にどういうことがらが述べられているか（どのような文脈に置かれているか）に大きく依存することを示しています。結論的にいえば、この図が学際研究の重要性を示唆しているのです。

なお、この図は、画面下方に書いたようにプリンストン大学の心理学者カーネマンの論文（カーネマン 二〇〇三）から掲載したものです。カーネマンは心理学者ですが、心理

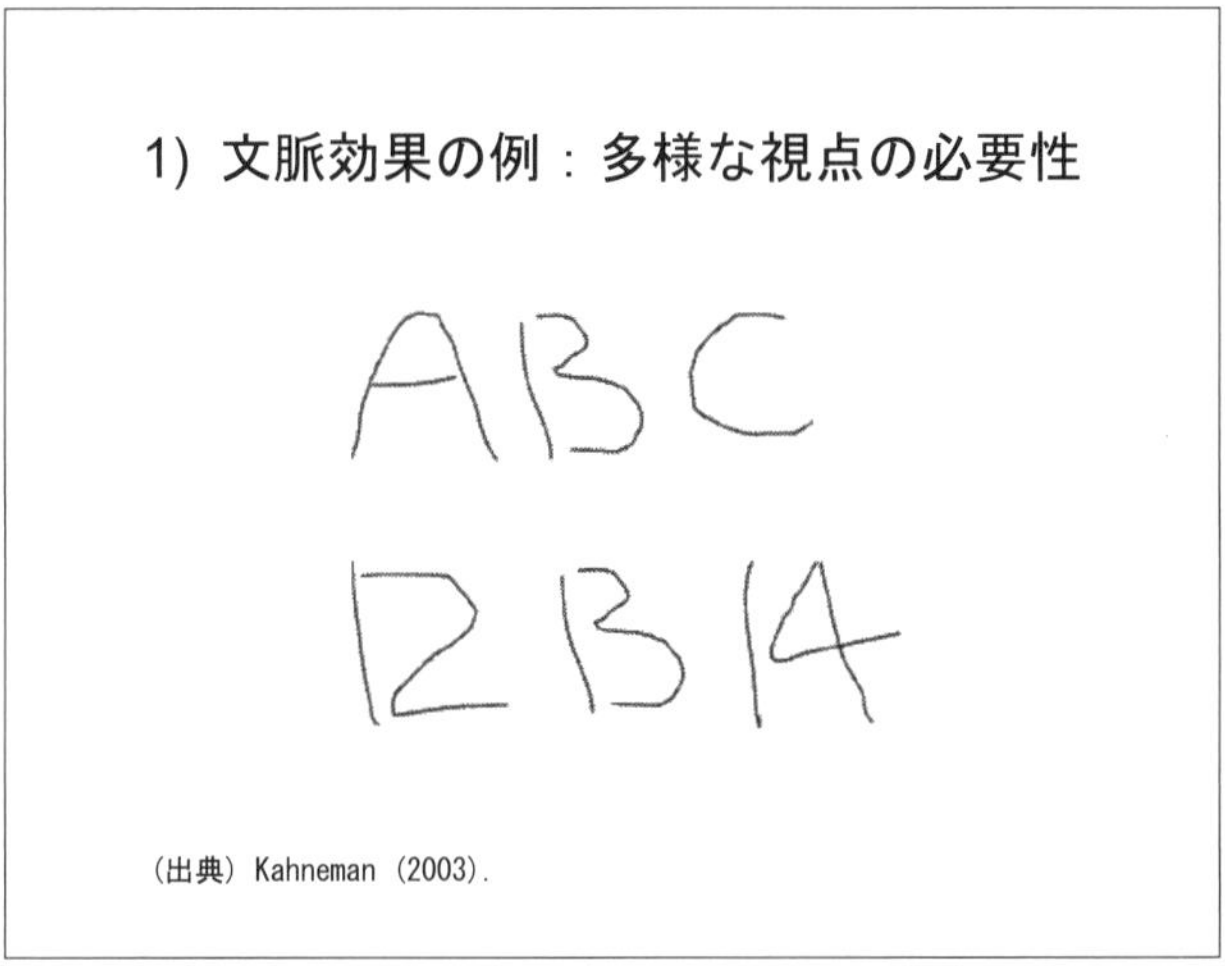
1) 文脈効果の例：多様な視点の必要性
（出典）Kahneman（2003）.

資料14

学と経済学を融合して新しい分野を開拓した業績でノーベル経済学賞を受賞しております。余談ですが、プリンストン大学は世界で最もすばらしい大学だと私は常々考えています。これについては色々言いたいことがあるのですが、別途書いたこともあるので（岡部 二〇〇六c）、本日は時間の関係上割愛します。

　さて、この図を見た場合、大抵の皆さんはA、B、C、そして12、13、14という文字を読み取るのが普通ではないでしょうか。しかし、よく見てください。真ん中の図形は、実は上下とも全く同じものなのです。上ではそれをBと読むのが通常の感覚であり、下ではその図形を13とわれわれは勝手に読んでいるのです。一つの事実に対して、ＡやＣというコンテクストを持ってきて解釈するか、それとも12や14という枠組みで解釈するかによって、同一の事実が全く異なるものとして理解されるのです。

これを社会現象の理解に適用するならば、ある事実が存在する場合、その事実をどのような学問的切り口で見るかが大きな意味を持つことになります。事実をどの視点、どの分析枠組みによって理解するかが決定的に重要になるのです。逆にいえば、一つの事実を多面的に見ることが、物事をより深く理解できることになる、という道理がここに示唆されていると思います。

次に、総合政策学の第二の基本である二分法を超える必要性について私見を提示します。二分法というのは、資料一五に示したように、社会には市場と政府という二つの異質の相互補完的な機能が存在することによって全体が成り立っている、という一つの社会認識方法です。「市場」は効率性を達成する機構であり、そこでは分権的意思決定と利己主義が前提され、それによって機能します。これに対して「政府」は、権力をそこに集中させること（集権）、そしてその権力を強制力によって行使することを特徴としており、それによって公平性を達成する組織である、と見るわけです。このような市場および政府という

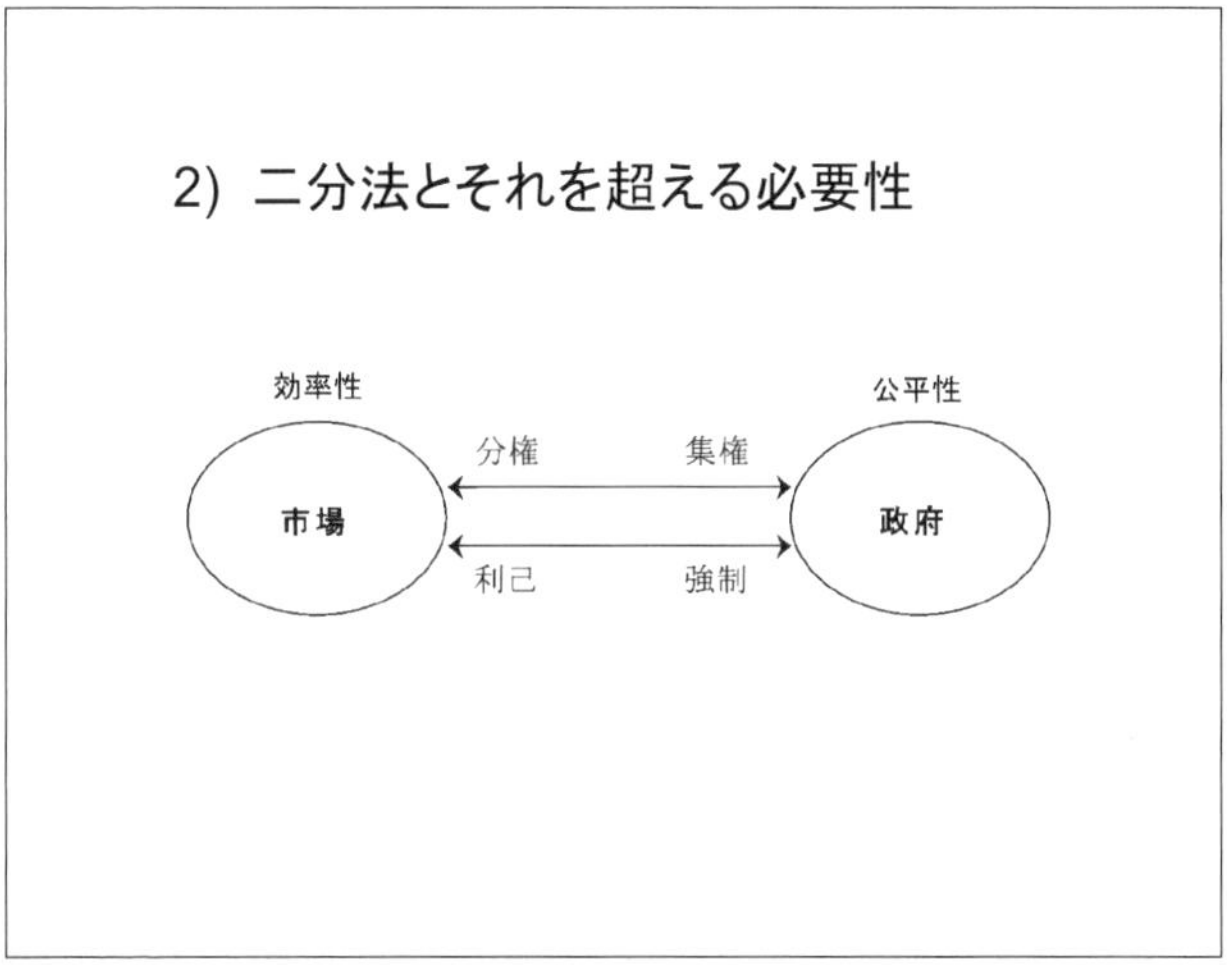

資料15

捉え方は、伝統的な経済学が基本的に前提してきた単純化あるいはモデル化にほかなりません。

しかし、現在生じている多くの問題やその解決を考えるうえでは、こうした認識では十分といえません。これら二つの部門にもう一つ加えた理解、つまり第三番目の部門を明示的に加えて社会を理解することがとても重要です（資料一六）。つまり、問題発見・問題解決において最先端を行くＳＦＣでは、「第三部門の重要化」ということをとくに強調する必要があると私は考えます。二分法を超える視点の必要性、あるいは第三部門の重要性、これこそ私が強調したい点です。つまり、市場と政府、ある

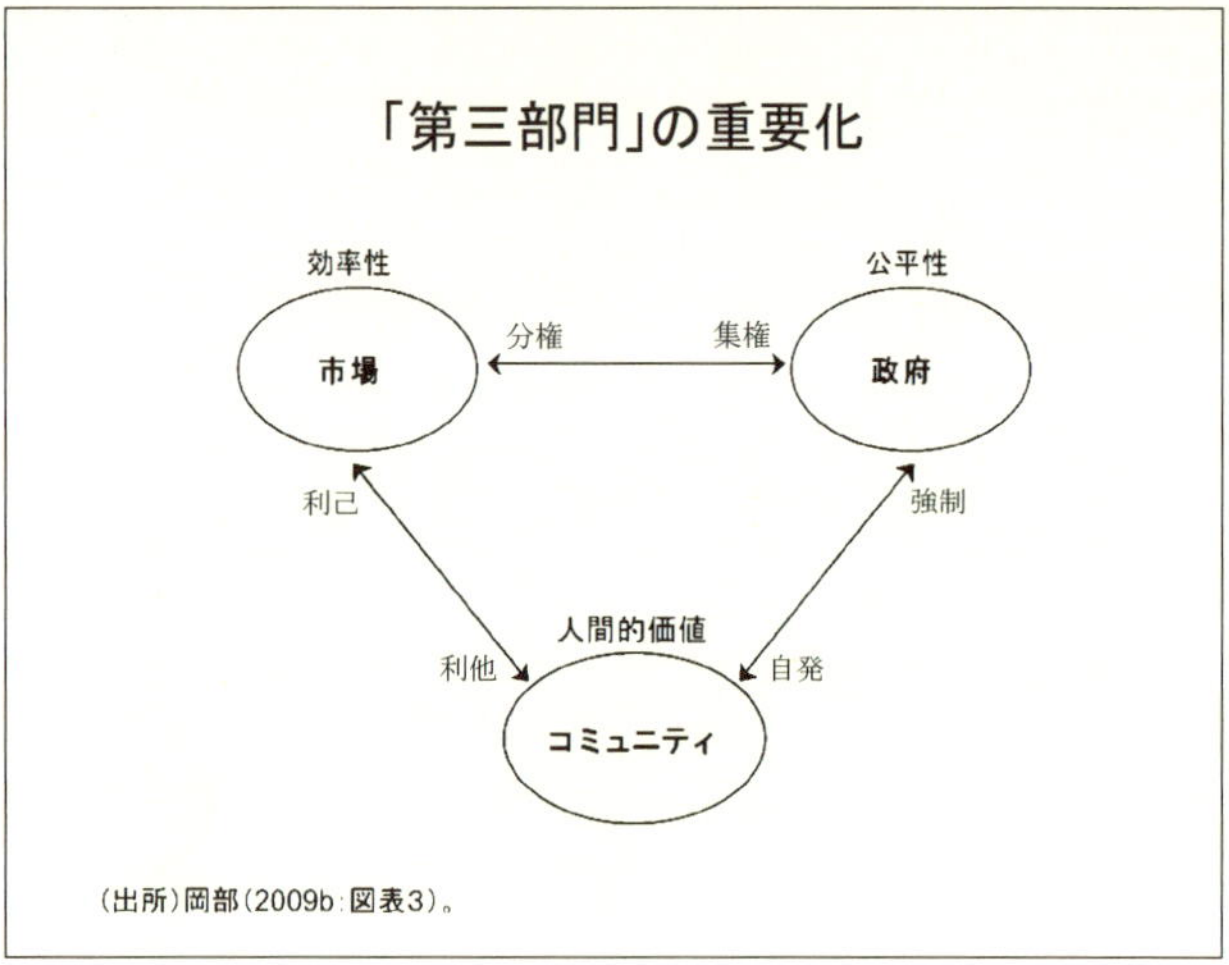

資料16

いは市場か政府かという従来の区分に加え、第三番目のセクターである広義の「コミュニティ」を明示的に位置づけて現代社会を理解する必要があるということです。コミュニティにとって重要な目標は「人間的価値」であり、そこでは利己主義ではなく利他主義が、そして強制ではなく自発性が、そこに所属する人間の基本的な行動原理になるわけです。

総合政策学が深める必要のある諸概念

近年見られる様々な新しい社会問題は、このような社会認識を基本として解決を図っていくのが合理的でありかつ効果的である、と私は考えております。

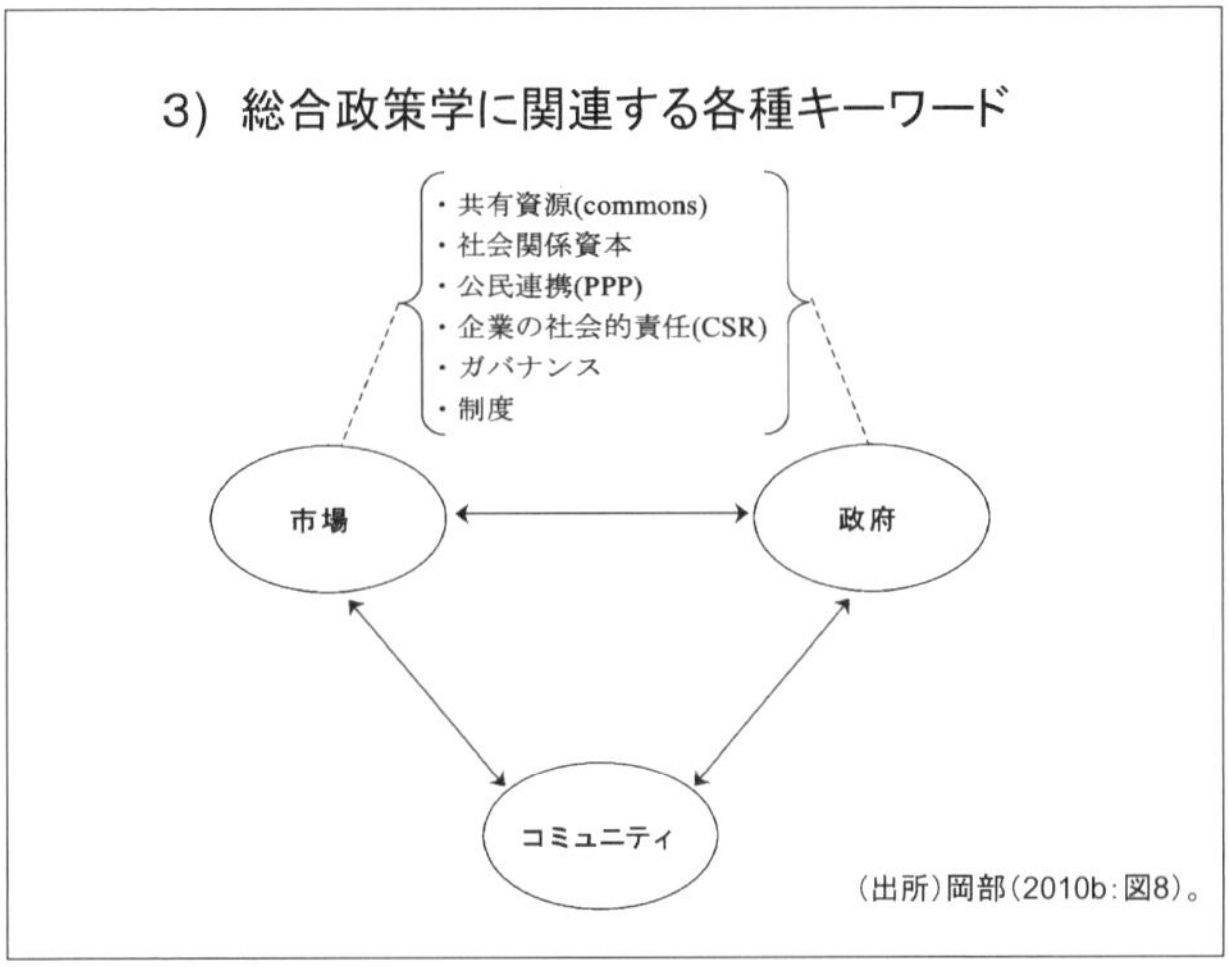

資料17

こうした理解をする場合、関連する概念ないしキーワードが、少なくありません。ここでは、時間の制約上詳しく論じることはできませんが、関連する用語だけを幾つか紹介しておくことにします（資料一七）。すなわち、共有資源（commons）、社会関係資本（social capital）、公民連携（public-private partnership、ＰＰＰ）、企業の社会的責任（corporate social responsibility、ＣＳＲ）、ガバナンス（governance）、制度（institution）などです。これらの意味を深化させることがＳＦＣの今後の大きな課題だと思います。

四　結論

さて、本日私がＳＦＣの学生および教員の皆さんにお伝えしたかったメッセージは次のようにまとめることができます。

第一番目。ＳＦＣは、私に頼もしい学生に接する機会を与えてくれ、また退任後も私の職業生活を支え続けてくれているので、私は本当に感謝しているということです。ＳＦＣは、多くの人を引きつけるマグネット（磁石）であると思います。

二番目。人にはそれぞれ呼びかけられた任務、すなわち calling あるいは天職があるということであります。それは、その人にしか果たせない使命であり、人生の仕事ともいうべきものです（高橋 二〇〇九）。ゼミ生三名の人生の軌跡がそれを如実に示していると思います。

三番目。各人のそうした使命は、他人から示されるものではなく、自分の内側にあるものを自分で発見する以外にないことです。ただ、それを求める努力をすれば、大きな力が助けの手を差し伸べてくれるはずです。大きな力というのは、われわれを超えた力、そして見えない大きな力であって、より次元の高いところで働く力です。それがわれわれを助けてくれるのだと私は思います。この点もゼミ生三名の人生から浮かび上がることではないでしょうか。

四番目。ＳＦＣの学生の皆さんは、是非自らの使命を探究する努力をしてほしいことです。そうした努力を重ねるならば、自分でも気づかなかったエネルギーが湧き出てきます。忙しいけれども元気あふれる生活ができるようになります。そして、それが結果的に、各自の本当の社会貢献につながる、というのが私の主張です。

五番目そして最後に。総合政策学の「説明」は色々なされてきていますが、より明確で説得性の高い体系化・理論化に向けて引き続き努力する必要があることです。ＳＦＣ教員の皆さん、大学生の皆さんにはそれを期待したいと思います。

以上が私から皆さんへのメッセージです。いまから一〇分間、質疑応答の時間が与えられているので、皆さんと対話をしたいと思います。ご清聴ありがとうございました。

（慶應義塾大学ＳＦＣ主催「オープン・リサーチ・フォーラム」における講演、
於東京六本木　アカデミー・ヒルズ・タワー四〇階、二〇一〇年十一月二二日）

二　私の慶應SFC時代における大きな恵み
——香川敏幸教授への感謝の言葉——

ご指名いただきありがとうございました。まず、本日の香川敏幸先生ご定年退職に伴う最終講義ならびにこの記念パーティの企画と運営に関わられた若き研究者の皆様に対して、敬意を表します。そして、この席で香川先生に対してお礼の言葉を申し述べる機会が私に与えられることをとても光栄に思います。

先ほどの最終講義「体制の収斂？——私の比較体制論講義——」では、香川先生のこれまでのご研究と経歴が見事に集大成され、幅広くかつ深い一本の大きな流となってわれわれに迫ってきたという印象があり、感銘を受けました。

香川先生にはこうした研究面での多大のご業績のほか、実は慶應義塾大学湘南藤沢キャンパス（SFC）の国際化という面でも大きな貢献をしておられます。つまり、研究対象地域であった東ヨーロッパ諸国をはじめ、旧ロシア、中国などにおける幾つかの大学や研究所とＳＦＣとの学術上の交流関係を構築されてきたわけです。ただ、こうした研究面ならびにＳＦＣ国際化の面での詳しい業績紹介については私よりもふさわしい方がいらっしゃるでしょうから、ここでは私が香川先生からいかに多くの面で、そして長年にわたり懇意にしていただいたか、そして私にとって何と得難く、ありがたい同僚であったかという個人的なお話を多少してみたいと思います。私のＳＦＣ時代は香川先生との関係なくしてはあり得なかったと考えており、そのことを幾つか具体的に回顧することによって、これまでいただいたご厚誼に感謝の気持ちを表したいと存じます。

お互いの研究領域は絶妙な関係

私はＳＦＣに一五年間在籍し、二年前に現在の大学（明治学院大学）に移りました。私のＳＦＣ時代に（そしてその後現在に至るも依然として）香川先生がかくも身近で、かつありがたい存在であったか。それには三つの理由があります。余談ですが、ものごとの主な理由は二つとか四つとかではなく必ず三つある（三つにまとめられる）、というのが私の従来からの主張です。私はこれを勝手に岡部仮説と名付けています。

ところで、私が香川先生に長年懇意にしていただけた第一の理由は、お互いの研究領域が実に絶妙な関係にあったことです。

むろん、私たちは二人とも、大きくいえば経済学の領域で仕事をしてきました。しかし、二人の領域は近すぎず、遠すぎず、絶妙に対照的でした。研究領域についていえば、香川先生の場合、すでに奥田（敦）教授からご紹介があったとおり、比較社会体制論、政治経済学、ガバナンス論などが中心でした。これに対して、私は金融面を中心とした市場機能そして企業（コーポレート・ガバナンス）の分析など、どちらかといえば主流派の経済学ないし伝統的な領域に近いものであり、また統計分析に依存する度合いも少なくありませんでした。そして研究対象とする地域については、香川先生の場合、東ヨーロッパや旧共産圏、そして中国などであるのに対して、私は日本経済、日本企業が中心であり、そのほか米国、英国、オーストラリアなどもっぱらアングロサクソン諸国を対象としてきました。

一般に、研究領域が近すぎるならば、秘かに競争心や対抗心を持ち合わせるとか、あるいはお互いに反発する場面が生じることになりがちですが、幸いわれわれ二人の場合には、研究領域、研究手法、研究対象が相互に補完的でした。このため、お互いに学ぶところが多かったので非常にうまくいったのではないか、と思っています。

組織運営で一五年間苦楽を共にした仲間

懇意にしていただけた第二の理由は、ＳＦＣの組織を挙げての研究活動、あるいはＳＦＣの組織運営のうえで一五年間にわたって非常に緊密な連絡と連携をする機会があり、文字どおり「苦楽をともにする」仲間だったからです。

そうした例は数限りなくあります。最も近いところでは、文部科学省二一世紀ＣＯＥ（センター・オブ・エクセレンス）プログラム「日本・アジアにおける総合政策学の先導拠点」という共同研究があります。これは二〇〇三年度から五年間にわたって文科省から年間約一億円（総額五億円）を受けて、ＳＦＣ専任教員二六名とＳＦＣ大学院生約二〇名によって遂行する大きな研究プロジェクトでした。その成果は、一五〇編のワーキングペーパーをはじめ、総合政策学シリーズ六冊の書物として結実していますが、私は香川グループの一員として五年間、研究活動をともにすることができました。

また、それに先立って書籍『総合政策学の最先端』の編集作業にともに取り組んだことも忘れられません。ＳＦＣは総合政策学部という名称の学部を我が国で最初に創設し、その後一〇年以上を経過していたにもかかわらず、総合政策学とはどんな学問かを世間に具体的に示す刊行物はまだありませんでした。このため当時総合政策学部長だった小島朋之先生（非常に残念にも二年前に他界されました）の発案のもとで、同先生をはじめ香川先生や私など六名の編集委員が中心となってＳＦＣを挙げてこれに取り組むこととなりました。この書物では、当初から学部のすべての専任教員が論文を執筆することを基本方針とすることを決定、その編集責任者として私は第一巻を担当し、香川先生は第四巻を担当されました。編集委員の仕事の重要な部分は、容易にご想像いただけるとおり同僚教員に対して原稿を何度も催促することでしたが、最終的には全四巻、合計ページ数が千四百ページにも達する書籍シリーズをわずか十一ヵ月間という異例の速さで二〇〇二年秋に全巻刊行することができました。

大学の研究者は概して締め切り日をあまり遵守しない傾向があるというのが一般常識ですが、そうした中でこのようにスピーディーに書籍刊行を実現したことに対して、出版社は相当驚きの目で見ていたことを思い出します。この書物の編集作業が進められた一年間は、香川先生とのメールのやりとりが合計数百通に達したほか、フェース・ツー・フェースでの打ち合わせもとりわけ頻繁に行い、楽しい共同作業をすることができました。

一方、ＳＦＣ組織運営面では、一九九〇年代に五〜六年間、香川先生と私は同時に運営委員会のメンバーだった時期があります。ＳＦＣでは、組織としての意思決定ならびに運営を効率化、迅速化するため、通常の大学の場合とは異なり、一部の事項（カリキュラム改訂等）を除きほとんどの権限がこの運営委員会に付託されています。そしてこの一五人内外から成る委員会が事実上の「教授会」として位置づけられているわけです。会議は当時、毎週水曜日に午後半日を費やして開催され、大小様々な事項を議論し、決定してきました。この運営委員会では、香川先生がいつも非常にタイミング良く示唆深いご意見を出されるのを感心していたことを今でも鮮明に思い出す次第です。

以上幾つか事例を挙げましたが、香川先生との共同作業として私が最も強く印象に残っているのは、何と言っても次の二つです。

その第一は、慶應ＳＦＣの一般入学試験を滞りなく実施する作業に共同で関わる機会があったことです。入試に関する事項はいつもすべて秘密ですが、もう一〇年以上経過して時効になっている面もあるので多少申し上げますと、一九九〇年代の半ばごろ、総合政策学部と環境情報学部の一般入試事務全体を取り仕切る仕事を私たち二人が中心になって行う任務に就いたことがあります。ことがらの性質上、これ以上具体的にいえませんが、入試に関する作業は綿密な計画のもとにまるまる一年間かけて行う一つの大きなプロジェクトであり、しかもすべて秘密の場所において秘密のうちに取り運ぶ必要がある非常に特殊な仕事です。したがって責任者相互の信頼関係が非常に重要であり、私は香川先生と一緒にこの作業を遂行することを通して香川先生の人間性に接することができたわけです。また慶應義塾やSFCの様々な側面も学ぶという貴重な経験ができました。その共同作業を通して私が学んだことがらは、その後の私のSFC生活の基礎になるありがたい経験でした。

大学院でのブラウン・バッグ・ランチ・セミナー

最も強く印象に残っているもう一つのことは、SFC大学院において「ブラウン・バッグ・ランチ・セミナー」と称するインフォーマルな昼食時の研究発表会を共同で立ち上げ、それを継続してきたことです。SFCは創設当初から「コラボレーション・共同研究・学際研究」といったカッコ良いことを標榜しつつも、現実には教員が定期的かつ頻繁に顔を合わせて研究内容を相互に深く討議するという場が設定されていませんでした。こうした状況を香川先生は憂慮され、二〇〇二年秋学期の開始時にそうした場を創設することを提案されたわけです。一方、私もその提案に強く共鳴し、共同でこれを推進することを決意し、その後何名かの教員と大学院生を巻き込んでこのセミナーが生まれることになりました。

海外の大学や有力研究所に滞在経験のある方はたいていご存知だと思いますが、これらの大学等では、昼休み時間を研究推進のため非常に有効に活用しているのが印象的です。すなわち、多様な研究領域あるいは研究者に触れるとともにインフォーマルな討議を通して研究者がお互いに研究上のヒントを得たり、論文を磨き上げたりする昼食時セミナーが活発に催されています。このセミナーは、各自が茶色の袋にサンドイッチと飲み物を入れて持参し、飲食しながら議論が行われるので通常、ブラウン・バッグ・ランチ・セミナーと称されるわけです。

例えば、私がかつて一年間（一九九三〜九四年）教壇に立つ機会のあった米国プリンストン大学（ウッドロー・ウイルソン・スクール公共政策大学院）では、週一回ではなく、例えば月曜日はマクロ（マクロ経済学関連）、水曜日はミクロ、木曜日はインターナショナル、という風に一週間のうちに数系列のセミナーが催されるなど、昼食時セミナーが非常に活況を呈していました。一つのセミナーでの発表者は通常一人であり、それは大学院生の場合があるかと思えばノーベル賞級の研究者、あるいは大学外から来た研究者など多様でした。また発表者以外の参加者（発表を聞き議論する側）も同様に多様でした。

良いブラウン・バッグ・ランチ・セミナーにするためのヒント

本日ここには、将来研究の道を歩まれる方が多くいらっしゃると思いますので、やや細かいことですが、ご参考までに昼食時セミナーにとってはその開催時間設定の仕方が重要であることを述べておきたいと思います。プリンストンの場合「セミナー開始は午後一二時一〇分、そして終了は一時きっかり（開催時間は五〇分間）」というルールが厳格に守られています。なぜそうなのかといえば、教員や研究者は午前中フルに仕事をしたあと、正午になってから各自がサンドイッチを買いに行き、それを持参してセミナーの部屋に三々五々集まる、という前提です。だからセミナー開始は一二時ではなく（サンドイッチ購入時間を一〇分間織込んで）一二時一〇分としているわけです。また、セミナーが午後の仕事に食い込むことのないようにするため、終了はきっかり一時としており、司会者はそれを厳格に守っています。仮に議論が継続していたとしても参加者は午後一時になると潮が引くように皆一斉に退席します。なかなか良い工夫と慣例だと思います。

実はSFCでも、私たちが実施する以前に昼食時セミナーが企画され、実施されたことがあります。その場合（一）セミナー開始は午前十一時半に設定され、また（二）なぜか終了時刻は明示されておらず、そして（三）昼食のサンドイッチは学部長秘書室が準備して提供する（その面では思わぬありがたい配慮がなされていた）、というものでした。私はこの案内があった時、ＳＦＣでもいよいよ国際標準の制度ができたとうれしくなり、セミナー初回はもとより、その案内があるたびに出席しました。しかし、結局このセミナーは私の記憶によれば三回程度開催されたものの、その後は消滅してしまいました。なぜでしょうか。

それは第一に、セミナー開始時刻が午前十一時半という不自然なものだったからです。この時間は、誰にとっても午前中の最も生産性の高い貴重な時間帯であり、それを犠牲にしてまで出席するほどではない、と多くの教員は判断したからでしょう。これは健全な判断というべきです。事実、十一時半にはほんの数名が顔を見せただけで、実際にセミナーが始まったのは毎回、正午前になるという始末でした。第二の理由は、終了時刻が明示されていなかったので、果たしてセミナーが何時まで続くのか（つまり午後の時間をどれだけ犠牲にする必要があるか）が明確になっていなかったからだと思います。ではセミナーを中座して退席すればよいではないか、という理屈になるかもしれませんが、実はサンドイッチは秘書室から提供されたものであり各自が自腹を切って持参したものでない（いわばフリーランチだった）ので、中座するにはかなり勇気が必要であり、現実にはなかなかそうできなかったわけです（これは当時の私の率直な感覚でした）。

　私たちが企画したＳＦＣ昼食時セミナーは、こうした失敗経験から教訓を得る一方、海外での一般的な方式からもヒントを得たうえでＳＦＣの諸事情（授業時間割、教員のキャンパス出勤義務日等）に合致したかたちで制度を作りました。すなわち（一）開催日は学期中の毎週水曜日とする、（二）集合時刻は一二時四五分とするが午後一時までの一五分間は雑談に割り当てる（各種打合せ、学会動向についての情報交換等。したがって参加は全く任意）、（三）本格的な研究発表と討論は午後一時から二時の一時間とする、（四）午後二時には必ず終了する（それを司会者の大きな義務とする）、という方式にしたわけです。セミナーの開催場所は、幸い小島学部長（当時）のご配慮により研究棟最上階の最も展望の良い角部屋（Ｋ五〇七教室）を充てることができました。

　幸いこのブラウン・バッグ・ランチ・セミナーには、少なからぬ大学院生（修士課程および博士課程の両方）が毎回熱心に参加してくださったほか、ＳＦＣ専任教員も数名が常連として参加してくださいました。また研究発表者としては、ＳＦＣ院生のほか、ＳＦＣ教員、海外研究者を含む外部の研究者など、多様な方に多様なテーマの報告をしていただくことができました。私たちのモットーは「継続は力なり」でした。幸い、博士課程の伊藤裕一君が長年この世話役を務めてくださり、その結果、開始から約五年経過した二〇〇六年には、合計開催回数が何と一〇〇回を越えるまでになりました。その機会に私たちは、セミナー創設の経緯に加え、毎回の発表者とテーマ（報告概要まで含むケースもある）を記録しておく必要があると考え、それらを一つの冊子に取りまとめました（「政策系ブラウンバッグランチセミナー研究発表の記録（二〇〇二年度秋学期〜二〇〇六年度春学期）」、ＳＦＣメディアセンターの蔵書としても組み入れ済み）。本日、ここにお集りのＳＦＣの教員あるいは教員ＯＢの方だけでなく、ＳＦＣから巣だっていった若き研究者の皆さんの中にも、このセミナーで発表されて飛躍して行かれた方も少なからずいるようにお見受けしています。なお、新年度からは、幸いにも渡邊頼純先生がこのセミナーを引き継いでくださることになっています。

温厚かつ謙虚なお人柄

さて、細かい話が続きましたが、私が香川先生に懇意にしていただけた最後のそして第三の理由は、私が香川先生のおだやかな、そして謙虚なお人柄に惹かれてしまったことです。この点については、いまさら説明するまでもなく、私のいうことに皆さん全く納得されることだと思います。

同先生に初めてお会いしたのは、先般日記をめくって確認してきたところ、いまから一七年前の一九九三年六月三〇日（水曜日）の午後一二時三〇分から三時の間でした。当時私はオーストラリアの大学に在籍していましたが、一時帰国した機会を捉え、すでに内定していたSFCを初めて訪問する機会を得ました。この日には、午後三時からの合同教員会議（全教員が出席する教授会）にオブザーバーとして参加することが許され、その会議で加藤寛学部長（当時）によってSFC教員の皆さんに紹介していただきました。

そして教員会議の前には、同学部長のありがたいご配慮により三名の専任教員の方々と長時間にわたって昼食懇談する機会を作っていただいたわけです。この昼食はSFCファカルティ・クラブでいただいたわけですが、そこには香川先生をはじめ、碓氷尊教授（当時）、馬淵紀壽教授（当時）の三先生がご出席くださいました。おそらくSFCの様々なことについていわばオリエンテーションをしてくださったに違いないと思いますが、多分私にとって既知のことがらが多かったせいなのでしょうか、残念ながら会話の内容はほとんど覚えていません。しかし、強く印象に残ったことがあります。それは「香川先生という方は非常に温厚な方だな」ということでした。最近の脳科学（brain science）によれば、人間の脳は最も重要なことを選んで記憶するメカニズム（選択的記憶）が備わっていることが主張されています。私の香川先生に関する記憶をもとに考えると、その説の妥当性を確認する一つの例を示しているように思います。

結語

以上幾つかのことを回顧しましたが、それからいえることは、私の人生において研究領域が絶妙な関係にある香川先生という方を私は同僚とすることができ、そして研究および組織運営のうえでその方と苦楽をともにできたこと、そしてその方が温厚なお人柄だったこと、です。これは私のＳＦＣ在任時代にとってこのうえなく恵まれたことであり、とてもありがたく思っています。

以上をもって感謝のことばに代えるとともに、香川先生におかれては今後ご健康に留意され、ご研究を一層発展されんことをお祈りいたします。ありがとうございました。

（慶應義塾大学　香川敏幸教授退任記念パーティでの挨拶、二〇一〇年二月二七日、於慶應義塾大学三田キャンパス　ファカルティクラブ）

第六部　学生へのメッセージ

一　チャペルでの奨励——心の平安、勇気、知恵——

【父による諭し】

心の底から主を信頼せよ、
自分の知力には頼るな。
どんなことをする場合でも常に主が共にいることを意識せよ。
そうすれば
主はあなたの行く道をまっすぐにしてくださる。

（『旧約聖書』「箴言」三章五～六節、岡部改訳）

今日この昼休みのひととき、皆さんと一緒に人間の生き方について考える時が与えられたことに深く感謝いたします。

今週のテーマは「卒業生へのメッセージ」ですので、本日は私が皆さんとほぼ同じ年齢であった大学生時代（五〇年近くも前）に始めて知り、そして圧倒された一つの言葉を皆さんに紹介し、そしてそれを贈りたいと思います。その言葉は私が当時所有していた金属製のあるメダルに英語で書かれていたものですが、私がそのメダルをどういう経緯で入手したかはいまでは何も記憶に残っていません。ただ、そこに書かれていた言葉と図柄（一六世紀ドイツの画家デューラーによるよく知られた「祈る手」）だけが鮮烈な記憶として残り、その後現在に至るまで折に触れて思い出し、生きるうえで大きな指針となっています（岡部 二〇〇二）。それはこのような言葉です。

God, grant me the serenity
to accept the things I cannot change,
the courage to change the things I can,
and, the wisdom to know the difference.

日本語に置き換えれば次のようになります。

神よ、私にお与えください
変えることができないものは、それを受け入れる平静な心を
変えることができるものは、変える勇気を
そしてこれら二つを見分ける知恵を

この成句は、米国の神学者レインホルド・ニーバー（一八九二－一九七一）によって書かれた祈りの言葉（Serenity Prayer）として米国で広く知られるものであります。それが一九四三年に、つまり第二次世界大戦中に（そしてたまたまその年は私の生年でもありますが）に米国東部マサチューセッツ州における教会の祈りに際して書かれたこと、そしてその作者がどういう人であったかなど（シフトン　二〇〇三）を私が知ったのは、大学卒業後かなりの年月を経てからのことです。これは祈りの言葉であるだけでなく、人の生き方について深い洞察と真理を躍動的に述べた見事な詩（ポエム）あるいは芸術作品であるといえないでしょうか。このフレーズに述べられたことは、私にとって何歳になっても、そしてどんな時でも心を落ち着かせてくれ、励ましてくれるものとなっています。

変えることができないものはそれを受け入れる平静な心を

私たちが満足できない事態に直面した時、苛立つとともに怒りがこみ上げてきます。そして他人を責めたくなったり、周囲に当たり散らしたりしたくなったりします。自分ではそのような事態を変えることができないにもかかわらず、私たちの気持ちはなかなか収まらないことがよくあるものです。そのような場合「事態を自分で変えることはできないという現実をまず受け入れなさい。そうすれば心が落ち着くのです」というのがこの祈りの第一の教えです。

事態を変えようとするのではなく、変えられないことを素直に容認しなさい、というわけです。それは、ある意味ではあきらめかもしれませんし、敗北主義といってよいかもしれません。しかし、そうすれば苛立った心が静まり、Serenity つまり心の平安（静かな心、平静さ）がもたらされることを教えてくれているのです。変えられないと思われることについて意識的にそうした考えをすれば、それまでかたくなに考えていたことから解放され、ずいぶん気楽になることを示唆しているわけです。

私自身、こうした経験を数多くしています。かつて、ある大きな組織の中で長年働いた経験がありますが、ある日突然、全く予想外の仕事と厳しい処遇を上司から言い渡されたことがありました。数日間はそのショックで気が動転し、大きな失望と憤りを禁じ得ませんでした。しかし、よく考えてみれば上司による私へのその申し渡しは、私が変えようとしても変えられることではないことに気づいたのです。それはそれとして受け入れ、そのうえで自分の対応を変えていくことにしました。そうすると肩の荷が下りた気持ちになったのです。

変えることができるものは変える勇気を

このように、変えることができないものはそれを受け入れる――これが心の平安にとって第一の要諦です。ところで、何でもそのように受け入れてしまうことが望ましいのでしょうか、そして許されるべきことなのでしょうか。

この疑問に対する答えがまさに祈りの第二の文章です。すなわち「変えることができるものは、変える勇気を（与えてください）」と祈ることを教えています。変えることができるものは変えなさい、変えていくべきである、といっています。変えることができるにもかかわらず、変えないのは正しい選択でない、とされているわけです。そして変える場合には勇気を持って変えていきなさい、と諭しており、その場合に必要な勇気こそを与えてください、という祈りになっています。

この文章は、ものごとに挑戦する勇気を与えてくれます。私の場合、変えるべきものに直面するといつもこの文章を思い出します。人生を通してそうした場面に数限りなく遭遇していますが、最近では私が横浜キャンパスにおける大学院の責任者（国際学研究科長）の任務に就いているので、その責務を果たすうえでこの文章は大きな勇気を与えてくれています。

本学（明治学院大学）の国際学部は日本で最初にその名称を持つ学部として創設され、その上に置かれている大学院の国際学研究科という名称も日本では最も古いものです。しかしその後は多くの大学で国際学部や国際学に関する大学院が相次いで設立されました。このため、学生獲得の面はもとより、教育や研究の面での競争も激化しています。こうした厳しい現実に直面している当キャンパスとしては、まず学部レベルにおいては、来年四月から国際学部に国際キャリア学科を新設することになっているのは皆さんご存知かと思います。そして大学院においても、研究と教育を一体化する新しいシステムに切り替えるべく検討を進めてきています。そうした変革を推進するうえで必要な勇気が私に与えられるよういつも祈りつつ仕事をしているわけです。

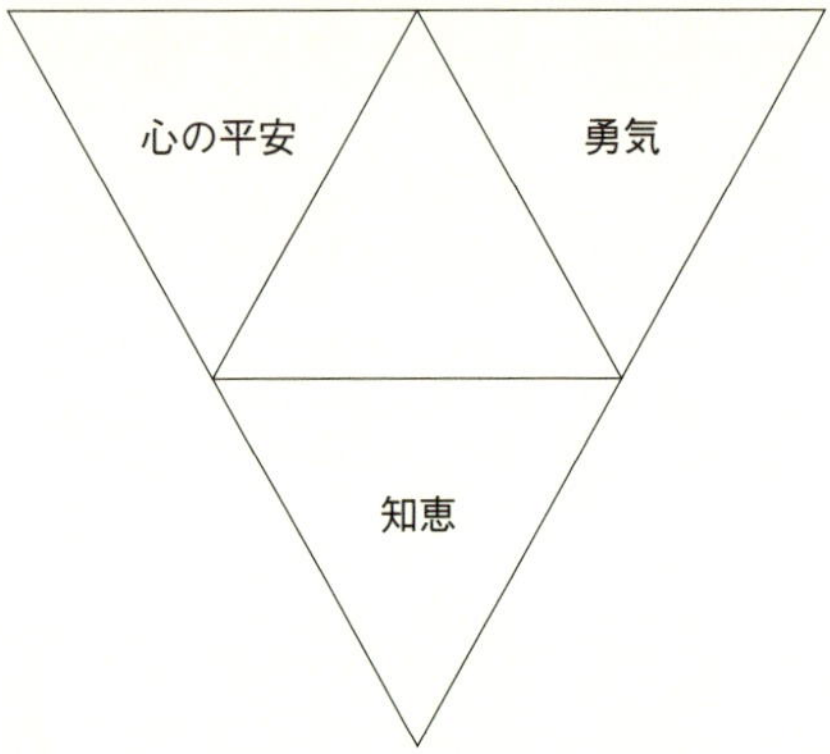

図　ニーバーの祈り（Serenity Prayer）の構造図示（注）筆者作成。

これら二つを見分ける知恵を

以上では、変えられないもの、変えられるもの、この二つについてそれぞれ述べましたが、ここで自然に出てくる疑問があります。それは、果たしてその二つはどう見分けることができるのか、どう識別できるのか、という点です。

この疑問に対する答えがまさに最後第三の祈りにほかなりません。すなわち「これら二つ（変えることができないもの、変えることができるもの）を見分ける知恵を（与えてください）」と祈ることを教えてくれています（図を参照）。ここで登場する知恵（wisdom）とは、道理をわきまえてものごとを正しく認識し判断する能力のことです。それは単なる知識（knowledge）でなくそれを越える、より高い次元に属するものです。

そうした知恵は、色々な人生経験を積むことによって得られる面が少なくありません。私の場合、大学卒業直後から二〇年あまりの期間は前述したとおりある大きな組織で働き、その後現在までの約二〇年間は大学における教育と研究に従事してきました。そして大学で教壇に立つという経験は、幸いにも米国、オーストラリア、そして日本国内と（明治学院大学を含め）合計五つの大学で変化に富む機会を得て現在に至っています。このような多様な経験をする機会が与えられたことは、本当にありがたいことだったと常々感謝しています。そのお蔭により、自分は若い時代よりも良い判断ができるようになったということを自覚する場合が多いのは確かです。経験によって身についた知恵は少なくないと感じています。

しかし、それと同時に、そこには限界があることも頻繁に感じていることを付け加えなければなりません。つまり、経験による知恵だけでは判断できないような事態、あるいは自分が下す判断が良い判断である、正しい判断である、絶対に間違いのない判断であると自信を持っていうことができない場合も少なくないのです。これは当然のことです。自分は絶対に正しい判断ができる、あるいは究極の知恵を持っていると考えることはとてもできません。もしそう考えるならば、それは傲慢というものです。人間の下す判断や行動の正しさには大きな限界があると考える謙虚さが必要だと思います。

私の場合、もの心がついてから六〇年以上生きてきてようやく授かった気づき、あるいは知恵が幾つかあります。その一つは、色々な事態に直面した時、自分にわき上がる感情、どうすべきかの判断、そして自分の行動といった一連の反応には明確な一つの傾きがあることに気づかせてもらったことです。従来私は、自分は常に正しい判断をしており、それは他の誰よりも優れた判断であると無意識のうちに決めつけており、それに基づく自分の行動も正しいと思いこんでいました。そして、それは自分の才能や力量を反映した当然の結果であることを疑っていませんでした。

ところがある時、そうした自分の反応は自信過剰による積極性のあまり、事態を自分に都合よく歪曲して受け止め、独善的にものごとを進めてきたことにはっと気づかされたのです。

もう一つ与えられた気づきは、自分がこれまで享受してきた恵まれた環境、さらには多くの人から与えられた助力があったからこそ今の恵まれた自分があると、ふと意識させられる瞬間があったことです。それを一瞬のうちに、そしてはっきりと気がつく機会をいただいたわけです。

こうした二つの認識面における転換が突然できたことに驚くとともに、これまでの自分が長年行ってきた様々な対応に愕然とし、大きな後悔をせざるを得なかったのです。それ以降、自分のこうした傾きを常に心に留めることができているのは、人智を越えた大きな力のおかげである、と考えています。そして、私がものごとを感じ、受け止め、そして行動するに際しては、好き嫌いあるいは他人の目などの表面的な尺度を超えたより根源的な基準、それは菩提心と表現されることもありますが（高橋 二〇〇八）、それを自分の中に呼び出し、それに基づいて判断し、行動することが大切と感じるようになりました。

以上のような経験を言い換えていうならば、それは人間を超えた高いところから来る声なき声による呼びかけ（silent calling）に基づいて判断し、行動することの必要性を私にさとしてくれる瞬間だったのだ、と私には思われます。

人は、このように人智を越えた力の助けを得て初めて正しい判断ができることもある、と思います。したがって、それを求める心構えを忘れてはならず、まさに冒頭の聖書朗読にあったように、その場合に初めて人智を越える間違いのない判断ができ、そして大きな助力を得ることができるのだと思います。言い換えれば、宇宙を貫く指導原理が沈黙のうちに私たちに呼びかけており、心を澄ましてそれを聞くことによって知恵と、心の平安、そして調和がもたらされる（高橋 二〇一〇）のだと思います。

最後に、ニーバーによる祈りの言葉を再度朗読することによって本日の奨励を結びたいと思います。

神よ、私にお与えください
変えることができないものは、それを受け入れる平静な心を
変えることができるものは、変える勇気を
そしてこれら二つを見分ける知恵を

（「チャペルアワー」における奨励の言葉、於明治学院大学横浜キャンパス・チャペル、二〇一一年一月一七日）

［追記］　上記メッセージの音声ライブ録音は、類似の幾つかのメッセージとともに、著者のホームページ上に掲載してあります（末尾のＵＲＬを参照）。そこでは、上記メッセージのほか、司会者の言葉やオルガンによる讃美歌演奏なども抜粋して録音してあるので、チャペル全体の雰囲気とともにこうしたメッセージをお聞きいただくことができます。また、メッセージの進行にあわせ、関連する写真も追加し、それらが順次自動的に画面に出るようにセットしてあります。

<http://www.okabem.com/message2/index.html>

二　ゼミ卒業生の結婚を祝す（一）

光安孝将君（平成一七年三月慶應義塾大学総合政策学部卒業、日本銀行勤務）、由香理さん、このうららかな春の日にご結婚されたこと、まことにおめでとうございます。ご両家、ご親族の皆様方のお喜びもさぞかしと存じます。心からお祝い申し上げます。本日は、この晴れやかな祝宴にお招きいただき、ありがとうございます。

私は由香理さんに昨年秋初めてお会いする機会がありました。その時、光安君は何と美しく、そして品のある方と結ばれることになったかと、たいへんうれしく思いました。

二重の喜び

光安君のご結婚は、私にとって二重の喜びでございます。第一に、私が二〇年余り勤めたのと同じ職場である日本銀行に勤務される優秀な後輩がめでたくゴールインされることだからです。そして第二に、私が以前に勤めた慶應義塾大学で担当していたゼミナール（岡部ゼミ）の黄金時代を築いた立役者が結婚されるということだからでございます。このゼミのあり方に関していえば、私は光安君に恩義を感じております。年長者が若者に対して使う表現としてはやや語弊がある表現かもしれませんが、彼は私にとっていわば「恩人」と表現しても差し支えない存在なのでございます。

ゼミ黄金時代の立役者

五〜六年前（二〇〇四〜〇五年ごろ）のことですが、幸い岡部ゼミには優秀な学生が多く集結していました。私のゼミは、仲良しクラブ的な甘い雰囲気を特徴とするのではなく、むしろゼミ生がお互いに切磋琢磨して経済や金融を真剣に研究をするという雰囲気が特徴であり、それが最も大きな要因になって皆が結集していた、というのが私の観察です。

そういうゼミの雰囲気と伝統作りに大きな貢献をしてくれたのがまさに光安君です。それは二つの面からでした。一つは、ゼミ履修は一般的に三年次からであったにもかかわらず彼は早々と二年次から所属し合計三年間も在籍し、それによって通常のゼミ生よりも大きな貢献をしてくれたことです。もう一つは、光安君はそれまでの岡部ゼミの卒業論文としては当時として空前の長さの作品（一五四ページ）を書き、岡部ゼミの卒論に新たな基準（あるいは高い目標）を設定してくれたことです。確かにページ数の点では、一年後に彼の後輩の村上淳也君がさらに長い卒論（一八五ページ）を提出することによって記録を書き替えたので、光安君の記録は一年限りに止まりました。しかし、何ごとにもチャレンジし、努力すれば達成できる、というゼミの誇るべき雰囲気と伝統を作ってくれたのが光安君であり、村上君の記録的な長編の卒論も、彼にとっては光安君の記録が追い越すべき目標として存在したからこそ達成できたのではないかと思います。

光安君がゼミの良き伝統づくりの面で正真正銘の貢献者であったのは、単に長い卒論を書いただけではありません。それは彼が本格的な研究者であったことによるものです。それを示す一つのエピソードを是非ご紹介申し上げたいと思います。

私が研究室で仕事をしていたある日、オフィスアワーでもないのに、四年生の光安君がいきなりやってきて「先生、できました！　うまくいきそうです！」と息を切らして私に話し出したのです。彼は早速白い紙を取り出して、その上にフリーハンドでグラフを二つ書いて金融の役割について説明を始めました。細かいことは省きますが「金融システムは経済発展に貢献する」ことについて議論をさらに推し進めるものでした。金融が大きな役割を持つことは理論的に多くの研究論文によって説明がなされており、研究者の間では標準的な理解が確立しています。しかし、実際のデータを使ってそれを実証することは当時学会でもなお不十分に止まっていました。彼はそれを世界八八ヵ国の統計データを用いて厳密に解析し、そして新しい新発見をしたというのです。具体的には「金融システムを構成する要素としてまず銀行が発展し、次いで株式市場が発展する、という事実が統計データから発見できた」と主張したわけです。

私の部屋に飛び込んできたことにつき二つの感想

この時、私は二つの感想をいだきました。第一に、彼の興奮ぶりは、ちょうど古代ギリシャの数学者アルキメデスの話を私に想起させたことです。つまりアルキメデスは、われわれが日常経験するように、風呂に入っている時には体が軽くなるといういわゆるアルキメデスの原理（水中の物体はその物体がおしのけた水の質量だけ軽くなるという原理）を発見し、この時、浴場から飛び出して「ヘウレーカ（ΕΥΡΗΚΑ）」（わかったぞ）と叫びながら街中を裸で走った、という伝説があります。光安君は、裸にこそなっていませんでしたが、いきなり飛び込んできたので私はとてもびっくりしたことが強く印象に残っています。

第二に、こうした発見は一見、偶然のように見えますが決してそうでなく、非常に多量の勉強をし、寝ても起きても問題を考え続けたからこそ初めて可能になった（幸運の女神が訪れた）という点であります。こうした発見ないしひらめきは最近、セレンディピティ（serendipity、偶発力）としてよく話題にされるようになりましたが、光安君の場合もその前提として彼の非常な努力があったことを私は常々見て知っております。

この研究結果は、さらに磨きをかけて最終的に岡部・光安共著論文「金融部門の深化と経済発展――多国データを用いた実証分析――」として仕上げました。そして光安君が日銀入行一年目の二〇〇五年一〇月に大阪大学で開催された日本金融学会全国大会でわれわれ二人で発表しました。当日は、私が冒頭の三分間序論的内容を述べたあと、本論は二〇分間かけて光安君が実に堂々と発表したのです。幸い指定討論者（ディスカッサント、発表論文へのコメンテーター）は堀内昭義氏（東大教授、金融学会会長。私の大学時代から四〇年来の友人でもある）が引き受けてくださっており、この会場の聴衆を前にして非常にありがたいコメントをしてくださいました（こうした学会発表の経緯等は拙著『私の大学教育論』第四章六節に記載しました）。

「金融部門が経済発展に貢献する場合、銀行と資本市場の貢献度は経済発展の段階に応じて異なるという著者たちの発見は非常に興味深い。私はこの論文の議論に多くの共感を覚えるし、幾つか教えられる点もあった」と。

金融学会は格式の高い学会であり、発表者は大学教員や研究機関の研究者が大半であり、大学卒業直後の人が（しかも学部学生の時代に書いた論文を）発表する、というのは私が知る限りここ三〇年間では前例がありませんでした。このことは光安君が学部学生のレベルをはるかに超えた学術的な研究能力を持っていたことを如実に示すものにほかなりません（なおこの共著論文は拙著『日本企業とM&A』第七章として採録し刊行しました）。

知的パワーの源泉

ところで、彼のこの知的なパワー、馬力はどこから来るのでしょうか。光安君は、ご覧のとおり一見、針金のようなやせ形の体型をしていますが、私はそのパワーの源が何であるかをいままでは納得することができるようになりました。それは彼の「食べっぷり」にあるというのが私の理解であり、私はそれをゼミ合宿を通して発見しました。

岡部ゼミでは半年に一回、ゼミ生全員が研究発表を行うために一泊二日の合宿を行ってきました。そこで私は、光安君が朝食としてどんぶり鉢いっぱいに盛り上げたご飯をたべているのに驚いたのですが、それどころか、さらにおかわりをして結局どんぶり二杯分も平らげていたのです。

これだけ食べても余り太っていないので（気の毒にも）何と栄養効率の悪い体質を持った人だろうか、もっと直接的にいうと「痩せの大食い」だと思いました。しかし後日、人間のエネルギーの摂取と消費を調べてみると、実は脳はとても食いしん坊な臓器であることがわかったのです。脳は体重のわずか二％の重さしかないのに、エネルギー消費の面では摂取エネルギー全体の一八％にも達する量を使っているとされているのです。つまり彼の大食いの理由は、脳に栄養を十分与えるためであり、その結果あれほど生産的な研究ができたのだ、とわかったわけです。そこで由香理さんへのお願いですが、これから毎朝、たっぷりエネルギーを含む朝食を光安君のために是非準備してください。この点くれぐれもよろしくお願いいたします。

以上のように描写すれば、光安君は利己的なガリ勉学生であるかの印象を与えるかもしれません。しかし、決してそうでなく、すなおで誠実な性格であり、周囲への配慮を常に欠かさず、そして後輩たちを親身になって指導してくれていました。このため、教員から見ると実にありがたい存在でした。ちなみに、光安君の後輩たちの卒業論文のはしがき（謝辞）を見ると、彼らはいかに光安君から親切に指導してもらったかを例外なくそこに記載しています。

また、彼が四年生の時（二〇〇四年）には、岡部ゼミの在籍生と卒業生が同時に集う同窓会を企画してくれるとともにその幹事として、私のゼミを履修した先輩と後輩の間の人間的なつながりを強めるうえで大きな働きをしてくれました。光安君はこのように仲間からも信頼され、人のためにも喜んで働く学生でした。このことは、人間として本当に重要なことであり、本日私のテーブルに座っておられる岡部ゼミ卒業生の皆さんは光安君がそうであったことの証人になってくれると思います。そして、由香理さんが光安君の中に見抜かれたものも、まさにこの点であったに違いないと私は思っています。

新郎新婦へのメッセージ

そこで次に、お二人にはなむけの言葉をお贈りします。それは、人の生き方を深く洞察したある書物（高橋佳子『新 祈りのみち』三宝出版）の中にある言葉です。この書物は読むたびに私の心を洗ってくれるとともに、私に勇気を与えてくれる本です。その中の一節からです。

二人は出会い、すれ違う二人で終わらず
これからの人生を共に生きる伴侶に選びました。
その家は愛の基（もとい）、信の礎（いしずえ）。
二人の契（ちぎ）りが魂の約束かどうか、それは
外から誰かによって証されるものではありません。
証しは二人によってなされます。
苦しいときも、つらいときも
いつどんなときにも
二人で共に歩いてゆくこと。
二人で共に背負ってゆくこと。
二人で共に支え合ってゆくこと。
二人で共に生きてゆくこと。

それが、その約束の、何よりの証しではないでしょうか。
いかなる時と場にあっても
一番大切にしなければならないものを
二人で心を一つにして見失わぬように。

思うに、結婚とは結局、当事者二人の心の結びつきにほかなりません。本日新しい門出をされるお二人を心からお祝い申し上げます。まことにおめでとうございます。

（慶應義塾大学　岡部ゼミ卒業生の結婚披露宴における祝辞、
二〇一〇年四月二四日、於福岡市　ホテルオークラ福岡）

二　ゼミ卒業生の結婚を祝す（二）

風岡宏樹君（平成二〇年三月慶應義塾大学総合政策学部卒業、三井住友銀行勤務）、茜さん（早稲田大学大学院ファイナンス研究科修了）、この秋晴れの日のご結婚、まことにおめでとうございます。ご両家、ご親族の皆様方のお喜びもさぞかしと存じます。心からお祝い申し上げます。本日は、この晴れやかな祝宴にお招きいただき、ありがとうございます。

私は、茜さんにこの夏、初めてお会いする機会がありました。その時、何と知性豊かな方と風岡君は結ばれることになったことか、そしてご両名はお互いに何と深く信頼しあっていることかを知り、とてもうれしくなりました。

二つのエピソード

結婚披露宴の席で何かお祝いを述べる場合、新郎なり新婦の人物像を紹介するために通常は何か「一つ」エピソードを披露するのが一般的な習わしになっています。しかし、私はその慣例にたいへん困惑しております。というのは、述べるべきことが何も見つからないからではなく、むしろ何か一つだけを述べたのでは風岡君をうまく言い表したことにならず、どうしても二つのことを同時にお話ししないと彼の人物像に迫ることができないからでございます。

そこで、ここでは一つではなく、二つのことを述べさせていただきたく存じます。それぞれを簡単にお話しするので、時間的には全体として一つ分相当の時間しかいただきませんから、司会者の方はどうかご安心ください。

風岡君のずば抜けた研究能力

第一は風岡君がずば抜けた学力、というよりもむしろ研究能力を持っていることを何としてもご紹介したいと思います。彼は三年生の時、私のゼミナールに加わってこられました。彼の意欲ぶりたるやたいへんなものであり、金融論やファイナンスを勉強している全国の大学生を相手に勉強ぶりを競争することをすでに心に決めていたのです。その舞台は、日経新聞が主催する「日経ＳＴＯＣＫリーグ」という論文コンテストであり、彼は気の合う勉強仲間四名とで研究に取り組み、その成果は最終的には風岡君が筆頭著者として書いた共同執筆論文（梶田幸作君らとの共著）として仕上がりました。

その論文の題名は「次世代に配慮した金融商品『お年玉ファンド』の組成――社会的必要投資という新たな概念の提案――」でした。この論文は、社会的に必要な経済活動にお金を流すためにどのような仕組みを作ったらよいか（専門用語でいえば投資信託の組成方法）に関する研究論文です。その内容の詳細は省きますが、要すれば、彼らが提案した方法によって投資信託という金融商品を作ると、資金を提供する側と提供される側の双方にとって望ましい結果が得られる、ということを理論的にも実証的にも明らかにした個性豊かな論文です。

私はこの作成段階で何回か相談にのりましたが、その度に非常に驚き、感銘を受けた四つのことをありありと記憶しています。第一に、それが現代社会にとって必要であり、また先端的な問題意識に立脚した研究であったことです。問題意識の確かさと斬新さにまず驚かされたわけです。

第二に、単に岡部ゼミだけでなく慶應ＳＦＣにおいて同僚だった森平爽一郎先生（現早稲田大学教授。本日私の隣に座っておられます）のゼミナールにも同時に在籍し、両方のゼミで学んだ結果を総合して執筆しようという積極的な姿勢で取り組んでいたことです。たいていの学生は一つのゼミナールに所属するのが通例ですが、風岡君は非常に勉強負担が重い二つのゼミナールに同時に所属するという挑戦をしており、その積極性に私は感心したわけです。

第三には、その論文が彼のユーモアのセンスを大いに生かした論文であったことです。風岡君らが提案する投資信託の名称を「お年玉ファンド」という名前を付けたことにそれが現れています。それだけにとどまらず、評価基準となる株式銘柄群を作るため、何と千葉県市原市の「ぞう（動物の）の国」（象だけがいる動物園）まで出かけ、象の鼻で白い紙に絵を描かせ、それを元に基準となる投資信託を組成する、などというお茶目なことをやっているのです。

そして第四に、何よりも驚いたのはこの論文を書き上げた時の彼の言い分でした。「先生、論文が完成したのでいよいよ投稿しますが、この作品は絶対に入選する自信がありますす。これが入選しないなどということは考えられません」と。私自身、この論文のユニークさが十分わかっていたので、入選の可能性があるとは思っていましたが、なにぶん全国の多くの大学生が競い合う論文コンテストであるだけに、そこまでの確信は持てませんでした。執筆者本人がそれほどまでに確たる自信を持って自分の論文を評価した学生は、私の二〇年に及ぶ教師経験においてこれ一度だけです。

さて、審査の結果はいかに。二〇〇七年の「第七回日経STOCKリーグ」には全国から何と八〇九編の論文の応募がありました。それらのうち各種入選作品が一七編選ばれ、風岡君らの論文は入選作品の一つとして大学部門賞を受賞したのです。私は彼に脱帽した次第です。

いま申し上げたことは事実です。それを是非ご確認していただきたい。皆様がこの披露宴が終わって帰宅された時に、インターネットで三つのキーワード「岡部研究会、優秀論文、風岡宏樹」を入れて検索してみてください。すると六件ヒットします。そのトップにこの論文全文が掲載されているサイトが出てくるので全文をダウンロードしてみてください。その論文の末尾には「ぞうの国」で象二匹と研究仲間四名で撮った写真も出ています。なぜ象が出てくるのか、などの理由はこの論文に書かれているのでそれを見ていただけると幸いです。私自身、昨日あらためてこの論文を読みましたが、研究手法の確かさ、そして独創性から見てさすが受賞作品だな、と再認識した次第でございます。

「人のために尽くすことができる」性格

第二に言いたいことは、風岡君が「人のために尽くすことができる」性格をお持ちだということでございます。自分のために全力を尽くす――これば格別めずらしいことではありません。しかし「人のために打算を超えて全力を尽くす」のは美しく、気高いことです。しかし、なかなかできることではありません。同君はそうした希有な性格を持っておられるのです。

ここでは同君のそうした側面を示す例を一つご紹介いたします。それは私が慶應大学を去ることになった時に開催された「岡部研究会の卒業生および在校生の会合」に関することです。この会は、岡部ゼミ歴代すべての在籍者の会合であり、二〇〇七年七月に横浜市で行われました。これは風岡君が中心になり、すべて自発的に、そして四ヵ月間にわたって周到に準備してくださった会合であり、私にとって本当に心に残るものでした。

それは二〇〇七年四月、新学期が始まって間もないある日に風岡君が二人のゼミ生とともに私の研究室に来られたことが発端でした。その時、風岡君らは私の慶應大学退職を記念して岡部ゼミの在籍経験者を全部網羅した会合を七月に行いたい、という提案をしてくださったのです。私としては、まだ春学期の担当授業が始まったばかりなのでそのようなことに思いをいたす余裕がありませんでしたが、予想外の申し出を受けて驚くとともに、非常にうれしく思いました。またその会合を設営するには、気の遠くなるような各種の連絡作業や調整作業があることは想像に難くないので「勉学に支障が出ない範囲でやってほしい」とのお願いをしました。

その後、風岡君らは、ゼミ卒業生の諸先輩に相談してアドバイスを受けたほか、岡部ゼミ在籍経験者全員（二二一名）への案内状の発送、会場の確保など、ゼミ生総大会（グランドリユニオン）に向けて周到かつタイムリーに作業を進めてくれたのです。

風岡君らがやってくれたのは、自分のためではなく、退職教員である私（岡部）のためであり、岡部ゼミ卒業生のためであり、そして現在のゼミ在籍者のためでした。金銭的な報酬は全くないにもかかわらず、まさに「他人（ひと）のために尽くす」ことを自発的に行ってくれたのです。

その会合には、首都圏在住のゼミOBのほか、日本各地さらには海外からの出席者も含め合計七〇名もの諸君が集まってくれました（余談ですが、私のウエブページに参加者全員が収まったその時の写真を掲載してあります）。その会合では皆さんが私の慶應での労をねぎらってくださり、幹事さんからは花束などをいただきましたが、そのうち全く思いがけないそしてこの上なくありがたいプレゼントを風岡君らが準備してくださっていたのです。

それは、赤い布表紙できれいに製本された一冊の書物でした。それは何と、八〇名を越える岡部ゼミの卒業生がゼミにおける色々な思い出を寄稿してくださった長短様々な文章を一冊にまとめた文集でした。何というありがたいプレゼントでしょう。その心配りにいたく感激するとともに、そこまでの準備をするのがいかにたいへんな作業だったかに私は思いをはせたことでした。この文集はいま、私の自宅の書斎の真ん中に私の「宝物」として永久保存してあります。

人のために尽くす。それは高貴であり、崇高なことですが、容易なことではありません。私がいま奉職している明治学院大学のモットーはまさに「人のために尽くせ（Do for others）」です。風岡君は、私の退職に際して、まさにその精神を持ってゼミ生総会を周到に企画、設営してくれたのです。

私が想像するところでは、あかねさんが風岡君に惹かれた理由の一つは、まさにこういう人のためを思う彼の心にあったに違いないと思いますが、いかがでしょうか。

新郎新婦へのメッセージ

最後に、お二人に、はなむけの言葉をお贈りします。それは、人の生き方を深く洞察したある書物（高橋佳子『新 祈りのみち』三宝出版）の中にある言葉です。この書物は読むたびに私の心を洗ってくれるとともに、私に勇気を与えてくれる本です。その中の一節です。

今日、この日、新たなる門出を迎える二人。
別々に生を享けた二つの人生、二つの魂は
それぞれの道を歩んできました。
そして父母の愛、師の愛、友の愛、多くの人々の愛と力に
支えられ、見守られて来ました。
今日、このよき日に新しい門出を迎える二人が
共に助け合い励まし合って

愛を与え合い、愛を深め合ってゆけますように。
二人の家が魂のふるさととして
慈しみと愛に満ち溢れた住処（すみか）となりますように。
どんな苦難や障害も背負い、乗り越えてゆけますように。

本日新しい門出をされるお二人を心からお祝い申し上げます。まことにおめでとうございます。

（慶應義塾大学　岡部ゼミ卒業生の結婚披露宴における
祝辞、二〇一〇年九月二〇日、於　東京都港区　八芳園）

第七部　友人からいただいたメッセージ

一　教育・研究者、岡部光明氏を讃える
――『大学生へのメッセージ』への書評――

橋木俊詔（同志社大学教授・京都大学名誉教授）

岡部氏は第一級の研究者であるが、ここでは教育者として素晴らしい人であることを敢えて強調したい。なによりも本書のような「大学生へのメッセージ」という書物を出版する気になられたことから、そのことが伺える。

良き研究者、良き教育者という両者の特質を備えた人は、学者の数が大勢いる中で希少価値であり、岡部氏はこれに該当する。多くは、どちらかに優れているか、あるいは両方ともダメという人も少なからずいる世界である。

岡部氏とは同僚の時期があった。日本銀行の金融研究所で研究第一課長をされていた頃、私はそこの客員研究員だったからである。大変おだやかな性格でありながら、学問・研究には厳しい方で、切磋琢磨した。それ以来の親しいつきあいをさせていただいている。

しばらくして銀行を離れられ、学究の道に入られた。ご本人によると、大学卒業のとき学者になりたい希望が強かった。でもまわりに押されてとりあえず日銀に入ったが、学界に戻ることになり、私は天職に就かれたと思う。研究の道に人生半ばで入ることはハンディがあるが、それを乗り越えるべく大変な努力をされた。アメリカ、イギリス、オーストラリアの一流大学で研究・教育生活を送られたのであり、努力の賜物である。

本書を読むと、前職の慶應義塾大学、そして現職の明治学院大学での教育に熱心かつ真摯に取り組んでおられる姿が、ひしひしと伝わってくる。このような素晴らしい先生の下で育てられた学生は、非常に恵まれた教育を受けた人と言えることは確実である。

（明治学院大学広報誌『白金通信』
書評欄、二〇一〇年四月号）

大学生へのメッセージ
遠く望んで道を拓こう
岡部光明 著
（国際学部教授）
慶應義塾大学出版会
435頁／2,940円

引用文献

（序文関連）

岡部光明（二〇〇〇a）『大学教育とSFC』西田書店。

岡部光明（二〇〇〇b）「美しさの追求」『大学教育とSFC』西田書店。

岡部光明（二〇〇二）『大学生の条件　大学教授の条件』慶應義塾大学出版会。

岡部光明（二〇〇六）『私の大学教育論』慶應義塾大学出版会。

岡部光明（二〇〇九）『大学生へのメッセージ――遠く望んで道を拓こう――』（日本図書館協会選定図書）慶應義塾大学出版会。

（第一部一章関連）

岡　潔（一九九七）『岡　潔「日本のこころ」』人間の記録五四、日本図書センター。

岡部光明（一九九九）『現代金融の基礎理論――資金仲介・決済・市場情報――』日本評論社。

岡部光明（二〇〇九ａ）「国際学の発展——学際研究の悩みと強み——」明治学院大学『国際学研究』三六号、一–二八ページ。（慶應義塾大学湘南藤沢学会ディスカッションペーパーSFC-DP 2009-003。<http://gakkai.sfc.keio.ac.jp/publication/dp_list2009.html>）

岡部光明（二〇〇九ｂ）『大学生へのメッセージ——遠く望んで道を拓こう——』（日本図書館協会選定図書）慶應義塾大学出版会。

岡部光明（二〇〇九ｃ）「研究の取り組み方について」『大学生へのメッセージ——遠く望んで道を拓こう——』第五部二章、慶應義塾大学出版会。

川崎剛（二〇一〇）『社会科学系のための優秀論文作成術——プロの学術論文から卒論まで——』勁草書房。

杉田幸子（二〇〇六）『ヘボン博士の愛した日本』（一九九九年刊行の旧題『横浜のヘボン先生』の改訂新版）いのちのことば社フォレストブックス。

村上文昭（二〇〇三）『ヘボン物語——明治文化の中のヘボン像——』教文館。

Bolker, Joan and Victoria Hartman (1998) *Writing Your Dissertation in Fifteen Minutes a Day: A Guide to Starting, Revising, and Finishing Your Doctoral Thesis*, Owl Books.

Dunleavy, Patrick (2003) *Authoring a PhD Thesis*, Palgrave Macmillan.

McMillan, John (1998) "Editor's Note," *Journal of Economic Literature*, 36 (2), June, pp. 667–668.

OECD (2009) *Higher Education to 2030, Volume 2, Globalisation*, OECD Center for Educational Research and Innovation, Paris.

Page, Scott E. (2007) *The Difference: How the Power of Diversity Creates Better Groups, Firms, Schools, and Societies*, Princeton University Press.

（第一部二章関連）

岡部光明（二〇〇三）「金融市場の世界的統合と政策運営——総合政策学の視点から——」慶應義塾大学大学院二一世紀COEプログラム、総合政策学ワーキングペーパーシリーズ第九号。<http://coe21-policy.sfc.keio.ac.jp/ja/wp/index.html>

ハーバード大学経済学博士論文表題 <http://www.gsas.harvard.edu/programs_of_study/economics.php>

Mundell, Robert A. (1961) "A theory of optimum currency areas," *American Economic Review*, Vol. 51, No. 4, September, pp. 657–665.

（第二部一章関連）

浅子和美（二〇〇〇）『マクロ安定化政策と日本経済』岩波書店。

新井富雄（二〇〇七）「敵対的買収について考える」（日本ファイナンス学会第一五回大会会長講演配付資料）六月一七日。

今村晴彦・園田紫乃・金子郁容（二〇一〇）『コミュニティのちから——〝遠慮がちな〟ソーシャル・キャピタルの発見——』慶應義塾大学出版会。

岡部光明（二〇〇六a）「総合政策学の確立に向けて（一）――伝統的「政策」から社会プログラムへ――」大江守之・岡部光明・梅垣理郎（編）『総合政策学――問題発見・解決の手法と実践――』、三-四〇ページ、慶應義塾大学出版会。

岡部光明（二〇〇六b）「総合政策学の確立に向けて（二）――理論的基礎・研究手法・今後の課題――」大江守之・岡部光明・梅垣理郎（編）『総合政策学――問題発見・解決の手法と実践――』、四一-九一ページ、慶應義塾大学出版会。

岡部光明（二〇〇七）『日本企業とM＆A――変貌する金融システムとその評価――』東洋経済新報社。

岡部光明（二〇〇九a）「国際学の発展――学際研究の悩みと強み――」明治学院大学『国際学研究』三六号。（慶應義塾大学湘南藤沢学会ディスカッションペーパー SFC-DP 2009-003。<http://gakkai.sfc.keio.ac.jp/publication/dp_list2009.html>）

岡部光明（二〇〇九b）「経済学の新展開、限界、および今後の課題」明治学院大学国際学部『国際学研究』三六号。（慶應義塾大学湘南藤沢学会ディスカッションペーパー SFC-DP 2009-004、二〇〇九年六月。<http://gakkai.sfc.keio.ac.jp/publication/dp_list2009.html>）

熊谷尚夫（一九六四）『経済政策原理』岩波書店。

熊本一規（二〇一〇）『海はだれのものか――埋立・ダム・原発と漁業権――』日本評論社。

田島英一（二〇〇九）「文脈と協働に見る『公共』の創出可能性」田島英一・山本純一（編）『協働体主義――中間組織が開くオルタナティブ――』慶應義塾大学出版会。

ディキシット、アビナッシュ K.（二〇〇〇）『経済政策の政治経済学』（北村行伸訳）日本経済新聞社。

中谷巌（二〇〇〇）『e－エコノミーの衝撃』東洋経済新報社。

根本祐二（二〇一〇）「政府／市場／地域の連携核に――PPPで効果最大化――」日本経済新聞、四月二三日。

野口悠紀雄（二〇〇七）『野口悠紀雄の「超」経済脳で考える』東洋経済新報社。

平田雅彦（二〇〇五）『企業倫理とは何か――石田梅岩に学ぶCSRの精神――』PHP新書、PHP研究所。

広井良典（二〇〇六）『持続可能な福祉社会――「もう一つの日本」の構想――』ちくま新書六〇六、筑摩書房。

福川伸次・林原行雄（編）（二〇一〇）「PPPビジネスの現状と課題」（平成二一年度PPPビジネス論講義録）東洋大学PPP研究センター。

町田洋次（二〇〇〇）『社会起業家――「よい社会」をつくる人たち――』PHP新書一三四。

丸尾直美（一九九三）『入門　経済政策　改訂版』中央経済社。

宮川公男・大守隆（二〇〇四）『ソーシャル・キャピタル――現代経済社会のガバナンスの基礎――』東洋経済新報社。

Buchanan, James M., and R. E. Wager (1996) "Democracy and Keynesian constitutions: political biases and economic consequences" (originally published in 1978), in Paul Peretz, ed. *The Politics of American Economic Policy Making*, M. E. Sharpe.

Castiglione, Dario, J. W. van Deth, and G. Wolleb (eds.) (2008) *The Handbook of Social Capital*, Oxford University Press.

Coase, R. H. (1974) "The lighthouse in economics," *Journal of Law and Economics* 17 (2), pp. 357–376.

Glaeser, Edward L. (ed.) (2003) *The Governance of Not-for-Profit Organizations*, Chicago: University of Chicago Press.

Ioannides, Yannis M. (2010) "A review of Scott E. Page's *The Difference: How the Power of Diversity Creates Better Groups, Firms, Schools, and Societies*," *Journal of Economic Literature* 48 (1), March, pp. 108–122.

OECD (2008) *Public-Private Partnerships: In Pursuit of Risk Sharing and Value for Money*, Paris: OECD.

Ostrom, Elinor (2009) "Beyond markets and states: polycentric governance of complex economic systems" (Nobel Prize Lecture Slides). <http://nobelprize.org/nobel_prizes/economics/laureates/2009/ostrom-lecture.html>

Ostrom, Elinor（2010）“Beyond markets and states: polycentric governance of complex economic systems,” *American Economic Review* 100, June, pp. 641–672.

Ostrom, Elinor, and T. K. Ahn (eds.) (2003) *Foundations of Social Capital*, Edward Elgar Publishing.

Sandel, Michael J. (2009) *Justice: What's the Right Thing to Do?*, New York: Farrar, Straus and Giroux.（邦訳、マイケル・サンデル『これからの「正義」の話をしよう――いまを生き延びるための哲学――』鬼澤忍訳、早川書房）

Svendsen, G. T., and G. L. H. Svendsen (eds.) (2009) *Handbook of Social Capital: The Troika of Sociology, Political Science and Economics*, Edward Elgar Publishing.

Williamson, Oliver E.（2010）“Transaction cost economics: the natural progression,” *American Economic Review* 100, June, pp. 673–690.

Woodford, Michael (2009) “Convergence in macroeconomics: elements of the new synthesis”, *American Economic Journal: Macroeconomics* 2009, 1:1, pp. 267–279.

Yunus, Muhammad (2010) *Building Social Business: The New Kind of Capitalism That Serves Humanity's Most Pressing Needs*, PublicAffairs.（邦訳、ムハマド・ユヌス『ソーシャル・ビジネス革命』千葉敏生訳、早川書房）

（第二部二章関連）

伊藤元重・大山道広（一九八五）『国際貿易』モダン・エコノミックス一四、岩波書店。

岡部光明（一九八八）「円高基調下での金融政策――理論的整理――」、金融学会編『金融学会報告』第六五号、一三八―一四四ページ。

クルーグマン、P．R．＝M．オブズフェルド（一九九六）「マーシャル＝ラーナーの条件と貿易弾力性の実証的な推計」『クルーグマン国際経済学　改訂五版』（吉田和男監訳）第一六章付録三、エコノミスト社、六三五―六三九ページ。

経済企画庁（一九九〇）『平成二年度　年次経済報告（経済白書）』第一―六―四図。

小宮隆太郎・天野明弘（一九七二）『国際経済学』岩波書店。

日本銀行金融研究所（一九八六）「円高による対外収支の調整について」金融資第五号、一〇月。

［非公表論文］

日本銀行調査統計局（一九八六a）「昭和六〇年度の金融および経済の動向」『調査月報』六月号。

日本銀行調査統計局（一九八六b）「情勢判断資料（六一年秋）――わが国金融経済の分析と展望」『調査月報』一〇月号。

日本銀行調査統計局（一九八八）「情勢判断資料（六三年夏）――わが国金融経済の分析と展望」『調査月報』七月号。

若杉隆平（二〇〇九）「付録二　マーシャル＝ラーナーの安定条件」『国際経済学　第三版』岩波書店、二四六―二四八ページ。

Bahmani-Oskooeea, Mohsen, and Orhan Karab (2005) "Income and price elasticities of trade: some new estimates," *International Trade Journal* 19 (2), pp. 165–178.

Bhagwati, Jagdish, Arvind Panagariya, and T. N. Srinivasan (1998) *Lectures on International Trade*, second edition, MIT Press.

Bruce, N., and D. D. Purvis (1985) "The specification of goods and factor markets in open economy macroeconomic models,"(chapter 16) in Peter B. Kenen and Ronald W. Jones (eds.) *Handbook of International Economics*, vol. 2, North-Holland.

Das, Satya P., and Seung-Dong Lee (1979) "On the theory of international trade with capital mobility," *International Economic Review*, 20 (1), pp. 119–132.

Dornbusch, Rudiger (1975) "Exchange rates and fiscal policy in a popular model of international trade," *American Economic Review*, 65 (5), pp. 859–871.

Frenkel, Jacob, and Michael L. Mussa (1985) "Asset markets, exchange rates, and the balance of payments," (chapter 14) in Peter B. Kenen and Ronald W. Jones (eds.) *Handbook of International Economics*, vol. 2, North-Holland.

Goldstein, Morris, and Mohsin Khan (1985) "Income and price effects in foreign trade," (chapter 20) in Peter B. Kenen and Ronald W. Jones (eds.) *Handbook of International Economics*, vol. 2, North-Holland.

Gupta-Kapoor, Anju, and Uma Ramakrishnan (1999) "Is there a J-curve? a new estimation for Japan,"*International Economic Journal* 13 (4), pp. 71–79.

Hirschman, A. O. (1949) "Devaluation and the trade balance: a note," *Review of Economics and Statistics* 31, pp. 50–53.

International Monetary Fund (2010) "IMF Executive Board Concludes 2010 Article IV Consultation with China," Public Information Notice No.10/100, July 27. (http://www.imf.org/external/np/sec/pn/2010/pn10100.htm)

Kenen, Peter B. (1985a) *The International Economy*, Prentice-Hall.

Kenen, Peter B. (1985b) "Macroeconomic theory and policy: how the closed economy was opened," (chapter 13) in Peter B. Kenen and Ronald W. Jones (eds.) *Handbook of International Economics*, vol. 2, North-Holland.

Negishi, T. (1958) "A note on the stability of an economy where all goods are gross substitutes," *Econometrica* 26, pp. 445–447.

Noland, Marcus (1989) "Japanese trade elasticities and the J-curve," *Review of Economics and Statistics* 71(1), pp. 175–179.

Robinson, J. (1947) *Essays in the Theory of Employment*, Oxford: Blackwell.

Rose, Andrew K. (1991) "The role of exchange rates in a popular model of international trade: does the 'Marshall-Lerner' condition hold?," *Journal of International Economics* 30, pp. 301-316.

（第三部一章関連）

岡部光明（二〇〇九）『大学生へのメッセージ――遠く望んで道を拓こう――』（日本図書館協会選定図書）慶應義塾大学出版会。

金子元久（二〇〇七）『大学の教育力――何を教え、学ぶか――』ちくま新書六七九、筑摩書房。

（第三部五章関連）

岡部光明（二〇〇九）『大学生へのメッセージ――遠く望んで道を拓こう――』（日本図書館協会選定図書）慶應義塾大学出版会。

鈴木孝夫（一九七三）『ことばと文化』岩波新書C九八、岩波書店。

（第五部一章関連）

今村晴彦・園田紫乃・金子郁容（二〇一〇）『コミュニティのちから――〝遠慮がちな〟ソーシャル・キャピタルの発見――』慶應義塾大学出版会。

大江守之・岡部光明・梅垣理郎（編）（二〇〇六）『総合政策学――問題発見・解決の手法と実践――』慶應義塾大学出版会。

岡部光明（二〇〇六ａ）「総合政策学の確立に向けて（一）――伝統的「政策」から社会プログラムへ――」大江守之・岡部光明・梅垣理郎（編）『総合政策学――問題発見・解決の手法と実践――』、三―四〇ページ、慶應義塾大学出版会。

岡部光明（二〇〇六ｂ）「総合政策学の確立に向けて（二）――理論的基礎・研究手法・今後の課題――」大江守之・岡部光明・梅垣理郎（編）『総合政策学――問題発見・解決の手法と実践――』、四一―九一ページ、慶應義塾大学出版会。

岡部光明（二〇〇六ｃ）「米国プリンストン大学における学部教育について――その理念・制度的特徴・ＳＦＣへの示唆――」『私の大学教育論』二二一―八三ページ、慶應義塾大学出版会。

岡部光明（二〇〇七）『日本経済と私とＳＦＣ――これまでの歩みとメッセージ――』（慶應義塾大学最終講義）』慶應義塾大学出版会。

岡部光明（二〇〇九ａ）「国際学の発展――学際研究の悩みと強み――」ＳＦＣディスカッションペーパー SFC-DP 2009-003。<http://gakkai.sfc.keio.ac.jp/publication/dp_list2009.html>

岡部光明（二〇〇九ｂ）「経済学の新展開、限界、および今後の課題」ＳＦＣディスカッションペーパー SFC-DP 2009-004。<http://gakkai.sfc.keio.ac.jp/publication/dp_list2009.html>

岡部光明（二〇〇九ｃ）「付論三 総合政策学の理論化（試案）」「国際学の発展――学際研究の悩みと強み――」ＳＦＣディスカッションペーパー SFC-DP 2009-003。<http://gakkai.sfc.keio.ac.jp/publication/dp_list2009.html>

岡部光明（二〇一〇ａ）「為替相場の変動と貿易収支――マーシャル＝ラーナー条件の一般化とＪカーブ効果の統合――」（本書第二部第二章として採録）ＳＦＣディスカッションペーパー SFC-DP 2010-001。<http://gakkai.sfc.keio.ac.jp/publication/dp_list2010.html>

岡部光明（二〇一〇ｂ）「経済政策の目標と運営についての再検討――二分法を超えて（序説）――」（本書第二部第一章として採録）ＳＦＣディスカッションペーパー SFC-DP2010-002。<http://gakkai.sfc.keio.ac.jp/publication/dp_list2010.html>

香川敏幸・岡部光明・伊藤裕一（二〇〇六）「政策系ブラウンバッグランチセミナー研究発表の記録（二〇〇二年度秋学期〜二〇〇六年度春学期）」慶應義塾大学大学院 政策・メディア研究科。

小島朋之・岡部光明（二〇〇三）「総合政策学とは何か」（『総合政策学の最先端Ｉ』の序文）慶應義塾大学大学院二一世紀ＣＯＥプログラム、総合政策学ワーキングペーパーシリーズ第一号。<http://coe21-policy.sfc.keio.ac.jp/ja/wp/index.html>

高橋佳子（二〇〇九）『Calling 試練は呼びかける』三宝出版。

田島英一・山本純一（編）（二〇〇九）『協働体主義――中間組織が開くオルタナティブ――』慶應義塾大学出版会。

冨田賢（一九九五）「日本におけるベンチャー企業の育成について」一九九五年度秋学期岡部研究会優秀論文。<http://www.okabem.com/paper/tp95au1.html>
Okabe, Mitsuaki (2008) "Corporate Governance in Japan: Evolution, Policy Measures, and Future Issues," Keio SFC Academic Society, SFC-RM 2008-005, July, 67 pages.
Kahneman, Daniel (2003) "Maps of bounded rationality: psychology for behavioral economics," *American Economic Review* 93 (5), December.
Page, Scott E. (2007) *The Difference: How the Power of Diversity Creates Better Groups, Firms, Schools, and Societies*, Princeton University Press.

（第六部1章関連）


岡部光明（二〇〇二）「受容——他人の行動は受容し自分の行動を変えた方が心が落着く」『大学生の条件　大学教授の条件』慶應義塾大学出版会。

高橋佳子（二〇〇八）『12の菩提心　魂が最高に輝く生き方』三宝出版。

高橋佳子（二〇一〇）『魂の冒険　答えはすべて自分の中にある』三宝出版。

Sifton, Elisabeth (2005) *The Serenity Prayer: Faith and Politics in Times of Peace and War*, W. W. Norton & Company.

著者紹介

岡部 光明（おかべ みつあき）

経 歴

1968年 東京大学経済学部卒業。1973年 米国ペンシルバニア大学修士課程修了（MBA）。日本銀行金融研究所研究第１課長、米国プリンストン大学客員講師、豪州マックオーリー大学教授、慶應義塾大学教授などを歴任。2007年 明治学院大学教授（国際学部）に就任、現在に至る。同大学大学院国際学研究科長。この間、英国オックスフォード大学上級客員研究員、仏エセック大学院大学客員教授、米国ミネソタ大学客員教授などを兼任。政策・メディア博士。慶應義塾大学名誉教授。大学基準協会評価委員。

著 書

『日本企業とＭ＆Ａ』（東洋経済新報社、2007年）
『総合政策学』（共編、慶應義塾大学出版会、2006年）
『総合政策学の最先端Ｉ』（編、慶應義塾大学出版会、2003年）
『経済予測』（日本評論社、2003年）
『株式持合と日本型経済システム』（慶應義塾大学出版会、2002年）
『現代金融の基礎理論』（日本評論社、1999年）
『環境変化と日本の金融』（日本評論社、1999年）
『実践ゼミナール 日本の金融』（共編、東洋経済新報社、1996年）
『大学生へのメッセージ』（慶應義塾大学出版会、2009年）
『日本経済と私とＳＦＣ（最終講義録）』（慶應義塾大学出版会、2007年）
『私の大学教育論』（慶應義塾大学出版会、2006年）
『大学生の条件 大学教授の条件』（慶應義塾大学出版会、2002年）
『大学教育とＳＦＣ』（西田書店、1999年）
『Cross Shareholdings in Japan』（英国エドワード・エルガー社、2002年）
『The Structure of the Japanese Economy』（編著、英国マクミラン社、1995年）

ホームページ

http://www.okabem.com/

大学院生へのメッセージ
——未来創造への挑戦——

2011年6月30日　初版第1刷発行

著者／発行者 — 岡部光明
制作・発売 —— 慶應義塾大学出版会株式会社
郵便番号　108-8346　東京都港区三田2-19-30
TEL〔編集部〕03-3451-0931
〔営業部〕03-3451-3584〈ご注文〉
〃　03-3451-6926
FAX〔営業部〕03-3451-3122
振替　00190-8-155497
http://www.keio-up.co.jp/
装丁 ———— 鈴木　衛
印刷・製本 —— 中央精版印刷株式会社
カバー印刷 —— 株式会社太平印刷社

Printed in Japan　ISBN 978-4-7664-1858-3